AF190126

Marianne Reiß

Reste-Essen reloaded

Die Tipps und Tricks
der Nachkriegsküche

Impressum

Lektorat: Alexander Hoffmann, Wissembourg/France
Illustration: Anneke Reiß-Maaoui M.A., Bremen
Bildbearbeitung: Monika Stiefel, Braunschweig
Marten Reiß B.A., Braunschweig
Dipl.Troph. Christine Langer, Aachen

Bibliografische Information der Deutschen
Nationalbibliothek:
Die Deutsche Nationalbibliothek verzeichnet diese
Publikation in der Deutschen Nationalbibliografie;
detaillierte bibliografische Daten sind im Internet
über http://dnb.dnb.de abrufbar.

© 2017 Marianne Reiß
2. überarbeitete Auflage 2019
Herstellung und Verlag: BoD – Books on Demand,
Norderstedt
ISBN: 9783744822381

in Erinnerung an

Erika Beims
(1918 - 1977)
Nachkriegshausfrau

Inhalt

Vorwort von Valentin Thurn

Meine Mutter hat uns Kinder immer ge-
mahnt: „Esst den Teller leer, die hungrigen
Kinder in Afrika würden sich darüber freu-
en". Wir haben darüber gelacht, wie sollten
denn die Reste von unserem Teller nach
Afrika kommen? Aber ein unangenehmes
Gefühl machte sich trotzdem breit. Langsam,
aber stetig, kam ihre Nachricht schließlich
bei uns an: „Essen ist heilig, Wegwerfen ist
Sünde."

Trotzdem haben wir im Laufe der Jahre
immer mehr weggeworfen – wie alle Menschen in unserer Überflussgesellschaft, das
schlechte Gewissen hielt uns letztendlich
nicht davon ab. Seit Mitte der 70er Jahre ist
der Lebensmittel-Müllberg noch einmal um
50 Prozent gewachsen, auf heute rund 20
Millionen Tonnen pro Jahr. Kaum zu glau-

9

ben, wenn man bedenkt, dass nur zwei Generationen zurück in der Nachkriegszeit der pure Mangel herrschte und niemand auch nur einen Kanten Brot wegwarf.

Die Reste der Woche kombinierte meine Mutter meist am Freitag zu einem neuen Gericht. So einen Restetag gab es in vielen Familien, aber im Laufe der Jahre ist er aus der Mode gekommen. Dabei sind viele Rezepte als Reste-Rezepte entstanden, die Pizza zum Beispiel. Manches haben wir nicht geliebt, wenn etwa Gemüse, das schon sehr weich war, noch einmal zerkocht wurde. Bis dann der Pürierstab in unseren Haushalt kam und wunderbare Cremesuppen den Einzug hielten. Besonders geliebt haben wir Kinder die Eierbrote, oder die Süßspeise „Armer Ritter" – beides trug dazu bei, dass in unserem Haushalt keine einzige Scheibe Brot weggeworfen werden musste. Und so viele leckere Gerichte aus den Resten entstanden!

Die Worte meiner Mutter von den Kindern in Afrika habe ich heute noch in den Ohren und denke, sie hatte eine geradezu prophetische Gabe: Denn heute hat unser Wegwerf-Verhalten tatsächlich eine direkte Auswirkung auf den Hunger in der Welt! Unser Weizen, Mais, Reis und anderes Getreide wird auf demselben Weltmarkt gehandelt wie das Getreide, das die Afrikaner und Asiaten essen. Und wenn wir mehr verbrauchen, und sei es nur um es in die Tonne zu werfen, dann erhöhen wir die Nachfrage und damit die Preise auf den Getreidebörsen. In einer Hungerkrise wie in Somalia wirkt sich das direkt aus, denn die Menschen können sich dann noch weniger Essen leisten.

Fest steht für mich allerdings auch, dass Katastrophen irgendwo anders in der Welt das Wegwerf-Verhalten der meisten Menschen nicht verändern werden. Aufrufe zur Askese werden die tief verankerten Ernährungsgewohnheiten kaum ändern. Aber zum Glück geht es gar nicht um Askese. Der Kern des Themas ist die Wertschätzung von Essen. In einer Zeit, in der immer mehr Essen industriell vorfabriziert wird, haben wir es zunehmend verlernt, gut von schlecht zu unterscheiden.

Doch die Unzufriedenheit der Menschen steigt. Bei den Dreharbeiten zu unserem Film „Taste The Waste" begegnete uns welt-

11

weit eine wachsende Skepsis gegenüber den industriellen Methoden der Lebensmittel-Erzeugung. Immer mehr Menschen interessieren sich wieder für die Qualität der Lebensmittel, kaufen direkt beim Bauern ein, pflanzen selbst ihr Gemüse an oder lernen, selbst zu kochen.

Diese Menschen erkennen, dass sie an Lebensqualität gewinnen, wenn sie sich um bessere Lebensmittel kümmern. Und als Nebenprodukt werfen sie automatisch weniger weg. Denn zum besseren Essen gehört auch das Wissen: Wie lagere ich meine Lebensmittel am besten? Und wie erkenne ich, ob sie noch genießbar sind?

Tipps dazu finden Sie auf unserer Webseite: http://tastethewaste.com/article/20101020-Lebensmittel-Mll-im-Alltag-vermeiden

Köln 2011

Valentin Thurn ist Autor des Buches: „Die Essensvernichter – Warum die Hälfte aller Lebensmittel im Müll landet und wer dafür verantwortlich ist", gemeinsam mit Stefan Kreutzberger, Verlag Kiepenheuer & Witsch.

Reste-Essen reloaded - Neuauflage von Teller statt Tonne® [1]

„Wohlstand oder Wahnsinn?" fragt der Dokumentarfilm „Taste the Waste" im Hinblick auf unseren verschwenderischen Umgang mit Lebensmitteln, zu dessen Kinostart die Fachgesellschaft für Ernährungstherapie und Prävention (FET) e.V. 2011 zu einem Aktionstag nach Aachen eingeladen hatte. Vier Jahre lang hatte Regisseur Valentin Thurn auf Feldern und Plantagen, in Supermärkten, Restaurants und Märkten rund um den Erdball recherchiert, um mit seinem Film ein dichtes Netz globaler Lebensmittelverschwendung zu dokumentieren. Von der Produktion über die Verarbeitung und Vermarktung bis hin zu den privaten Haushal-

---

[1] 'Teller statt Tonne' ist ein seit 2011 laufendes Lebensmittelverschwendungsformat von Slow Food Deutschland e.V.

ten werden auf allen Ebenen genießbare Lebensmittel in großem Stil vernichtet. Der Wahnsinn beginnt beim Bauern, der die Hälfte seiner Kartoffelernte auf dem Acker zurücklassen muss, weil sie nicht den Handelsnormen entspricht. Er setzt sich fort in Großmärkten und im Einzelhandel, die nicht verkaufte Lebensmittel noch am gleichen Tag entsorgen. Der Wahnsinn zeigt sich bei der Angestellten, die bei der Pariser Tafel Bananen aufgrund von Druckstellen für den Müllcontainer aussortieren muss. Indessen können sich Ihre Verwandten in Kamerun die gelben Früchte trotz riesiger Plantagen selbst nicht leisten. Der Film lässt wohl jeden am Ende mit der Frage zurück: „Was kann ich tun?"

Als Antwort auf diese Frage und zeitgleich zum Filmdebüt in Aachen präsentierte FET e.V. das Buch „Teller statt Tonne – Arme Ritter & Co nicht mehr ganz frisch auf den Tisch". Fünf Jahre später ist die Welt noch lange nicht in Ordnung. Wir werfen immer noch zu viele Lebensmittel weg. Doch inzwischen hat sich einiges zum Positiven verändert. Vereinzelt finden sich im Einzelhandel Regalfächer für preisreduzierte Waren, deren Haltbarkeitsdatum in naher Zukunft abläuft. Kunden, die abends kurz vor Ladenschluss einkaufen, stehen mancherorten vor fast leeren Gemüse- und Brotauslagen, ohne sich deshalb beim Verkaufsleiter zu beschweren. Auf den regionalen Märkten werden zunehmend Produkte angeboten, die nach den Maßgaben des Vertriebes nicht *verkehrsfähig* sind. Kartoffeln unterschiedlichster Größe, krumme Gurken, wurmstichige Äpfel, an geknickte Eier und Gemüse mit abenteuerlichen Formen finden dort als *misfits* ihre Käufer. Vor fünf Jahren noch wäre das nicht möglich gewesen. Verbraucherplattformen und Netzwerke bilden sich, die Rezepte und Apps für Resteverwertung anbieten und gegenseitig Lebensmittelreste tauschen oder an andere vermitteln. Das sind zwar noch immer Ausnahmen, aber es ist immerhin ein guter Anfang.

Dieses Buch ist eine überarbeitete Neuauflage. Vieles von dem ursprünglichen Text konnte übernommen werden. Dazu gekommen sind weitere Tipps zur Resteverwertung. Man lernt nie aus. Auch nicht die Autorin. Bleiben wir am Ball, wir schaffen das.

Lebensmittel – zu wertvoll für den Müll

In den Ländern, die wir als hochzivilisiert bezeichnen, werden in großem Stil Lebensmittel vernichtet. Das Wissen darum verbreitet sich zunehmend, doch kaum jemandem ist das tatsächliche Ausmaß bewusst. Alle, die wir gefragt haben, glauben, dass nicht verkaufte Lebensmittel an die Tafeln gespendet und damit an Bedürftige verteilt werden. Doch dabei handelt es sich nur um einen verschwindend geringen Teil. Noch immer landen jährlich schätzungsweise 15 bis 20 Millionen Tonnen Nahrungsmittel allein bei uns in Deutschland in den Müllcontainern.

Politik und Medien schieben gerne uns Endverbrauchern den schwarzen Peter zu. Es ist schon richtig, dass in unseren Küchen zu viel in die Tonne wandert, was dort noch nicht hingehört. Doch das ist nur die Spitze des Eisberges. Genießbare Lebensmittel werden in großem Stil entsorgt, lange bevor sie überhaupt zum Käufer kommen.

In der landwirtschaftlichen Produktion schaffen bis zu einem Drittel der Produkte nicht den Weg in Richtung Teller. Sie werden wegen äußerer Mängel nach den EU-Vermarktungsnormen und den Qualitäts-standards der Supermärkte als *nicht verkehrsfähig* eingestuft. So bleiben Kartoffeln, die zu groß oder zu klein sind, um das Handelsklassen-Casting zu bestehen, auf dem Feld zurück oder wandern in die Biogasanlage. Dass sich das allmählich ändert, ist auf unseren regionalen Wochenmärkten zu beobachten. Dort landen inzwischen Kartoffeln unterschiedlichster Form und Größe in einer Tüte und sogar Äpfel finden ihren Käufer, die aufgrund von Schalenfehlern vom Einzelhandel abgelehnt werden. Hin und wieder ist sogar ein Apfel dabei, der ursprünglich einen Wurm beherbergt hat. Der aufgeklärte Käufer wird dies als Qualitätsmerkmal betrachten. Wenn dieser Apfel einem Wurm ein lebenswertes Umfeld bieten konnte, dann können wir ihn getrost und ohne Angst vor Pestizidbelastung essen.

Auch in der Weiterverarbeitung von Lebensmitteln fallen Unmengen an genießbaren Abfällen an. Je mehr Verarbeitungsschritte ein Lebensmittel braucht, um verzehrfähig auf unseren Tellern zu landen, umso größer sind die Abfallmengen. So vernichtet eine Sandwich-Firma in Großbritannien täglich 17.000 Scheiben Brot, weil die Anfangs- und Endstücke der Brote als Sandwich-Scheiben nicht geeignet sind. So gesehen wird es sich lohnen, das gute alte Pausenbrot als modernes Schichtbaguette mit allerlei Belag wieder auferstehen zu lassen. Inzwischen wird sogar der Henkelmann der Nachkriegsjahre in modernisierter Form wieder entdeckt. Es gibt heute eine Fülle von praktischen Transportbehältern, die es erlauben, das Abendessen von gestern und andere Snacks *unfallfrei* zur Arbeit mitzunehmen.

Nur die Lebensmittel, die das harte Ranking um Handelsfähigkeit bestehen, kommen über die Großmärkte in Gastronomie und Einzelhandel. Das heißt aber noch lange nicht, dass sie am Ende auch in unseren Mägen landen. In der Gastronomie werden aufgrund unserer strengen Hygienerichtlinien Unmengen an Lebensmitteln vernichtet. Alles, was auf dem Tisch oder im Buffet war, muss – wenn es keinen Abnehmer gefunden hat – entsorgt werden. In früheren Zeiten gab es in Dorfgaststätten dafür einen *Schweineeimer*. Das ist in der modernen Massentierhaltung nicht mehr vorstellbar. Eigentlich schade, vermutlich würden die heutigen Schweine diese Kost ihrem jetzigen Hochleistungsfutter bei weitem vorziehen. Wenn auch unsere Speisereste für Fleischfresser wie Hunde und Katzen nicht geeignet sind, so wissen wir aus dem Biologieunterricht, dass das Verdauungssystem von Schweinen und Menschen nahezu identisch ist. Und – so fragt sich der interessierte Laie – wieso dürfen wir essen, was die nicht fressen dürfen? Das wäre doch einmal eine gute Frage an die Ernährungsforschung.

Im Einzelhandel werden Unmengen genießbarer Lebensmittel vernichtet. Besonders unsere Supermärkte sortieren großzügig Produkte aus. Das betrifft nicht nur konventionell erzeugte Nahrungsmittel. Auch

Biolebensmittel gehen dabei den Gang alles Irdischen. Die Verschwendung trifft alle Nahrungsmittelgruppen.

Jedes fünfte Brot wird entsorgt oder im günstigsten Fall zu *Pellets* recycelt, um damit Backstuben zu beheizen. Milchprodukte, deren Mindesthaltbarkeitsdatum noch nicht abgelaufen ist, Gemüse- und Obstpaletten oder vollständige Eierkartons, in denen nur eines der Eier an geknickt ist, wandern bei Geschäftsschluss in den Müllcontainer. Sogar Mineralwasser wird vernichtet, da dessen Mindesthaltbarkeitsdatum nicht wie früher eineinhalb Jahre, sondern nur noch sechs Monate beträgt. Kaum ein Einzelhändler wird seinen Umsatz schmälern wollen und die Arbeitskraft bezahlen, die dazu nötig ist, um Ausschussware gezielt auszusortieren.

Von der großzügigen Beseitigung verzehrbarer Lebensmittel können sich weniger Schreckhafte mit einem – übrigens illegalen – Blick in die Abfallcontainer der Lebensmittelläden selbst überzeugen. Es gibt seit einigen Jahren eine namhafte Bewegung, die sich allein durch das *Containern* mit einwandfreiem Essen versorgt. Das sind keineswegs nur Bedürftige. Darunter sind auch so genannte *Essensretter*, die diese Verschwendung moralisch nicht hinnehmen wollen und für diesen Mundraub strafrechtliche Verfolgung in Kauf nehmen. Da fragt man sich, wie weit wir mit unserem Eigentumsdenken eigentlich gekommen sind, wenn wir sogar unseren Müll hermetisch sichern und für dessen unbefugte Entnahme die Staatsgewalt auf den Plan rufen.

Seit der Film von Valentin Thurn „Taste the Waste" 2011 das Problem der Lebensmittelvernichtung ins öffentliche Bewusstsein gerückt hat, sind heute – fünf Jahre später – einige positive, wenn auch zaghafte Veränderungen zu spüren.

Inzwischen bieten viele große Lebensmittelmärkte Produkte zum halben Preis an, deren Haltbarkeitsdatum in naher Zukunft abläuft. In der Regel sind sie an wenig verkaufsfördernden Stellen zu finden: In einer versteckten Ladenecke und ganz unten im Regal. Wie auch immer, das gibt Hoffnung. Jede große Bewegung hat einmal klein angefangen. Jetzt kommt es natürlich darauf an, dass möglichst viele Kunden dieses zarte Pflänzchen pflegen und die aussortierte Ware mit nach Hause nehmen. Und nicht nur das, sondern dass sie sie am Ende auch verzehren. Denn das, was eingekauft wird, landet erfahrungsgemäß nicht unbedingt auf unseren Tellern. Damit sind wir wieder beim anfangs erwähnten schwarzen Peter.

Stellen Sie sich vor, Sie kommen mit zwei voll bepackten Einkaufstüten aus dem Supermarkt und werfen zu Hause eine davon sofort in den Müll. Das tun Sie nicht? Dann gehören Sie zu den wenigen Haushalten, die jährlich sehr viel Geld sparen. Steuerfrei! In der Tat entsorgt ein durchschnittlicher Haushalt jährlich Lebensmittel im Wert von etwa 400 Euro. Damit ließe sich so einiges anstellen, finden Sie nicht?

Aus den Augen – aus dem Sinn?

Vieles, was wir wegwerfen, wird vor Ort diskret in Müllbeseitigungsanlagen entsorgt, zu Heizgas gemacht oder schließlich mit Erde überdeckt zu neuen hügeligen Freizeitlandschaften gestylt. Wir sehen die Müllberge nicht. Auf den ersten Blick scheinen diese Lösungen genial zu sein. Sie wären es vielleicht auch, wenn die globale Welt heute nicht direkt vor unseren Haustüren begänne. Es reicht nicht mehr, nur vor der eigenen Tür zu kehren.

Durch unseren Hunger auf nur wenige Fleischteile vom ganzen Tier werden billige Schlachtabfälle, die wir nicht essen wollen, in Entwicklungsländer verschifft, die die dortigen Viehzüchter um ihren verdienten Lohn bringen. So verzehrt unsere schöne neue Welt von einem Huhn nur die Keulen und die Brust. Es ist noch gar nicht so lange

Abb: Wieviel Prozent wir wohl vom Tier verwerten?

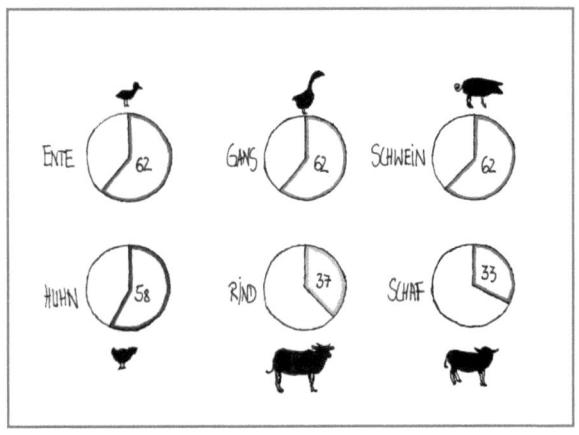

Quelle: Irina Baumbach, Berufsspezifisches
Ernährungscoaching
http://irina-baumbach.de/blog/

her, dass auch in unseren Haushalten das ganze Huhn zu köstlichen Hühnerbrühen und -fonds verwertet wurde. Statt dessen geben wir uns mit industriell eingetüteten Suppen zufrieden. Hans-Ulrich Grimm beschreibt in seinem Buch „Die Suppe lügt" diese fixen Tüten als das Endresultat von Produktionsmethoden, die notwendig sind, um ein Suppenhuhn gerecht auf 5.000 Tüten zu verteilen. Das ergibt umgerechnet etwa 20.000 Suppenteller.

Futtermittel für die Fleischproduktion werden nicht bei uns, sondern überwiegend in Entwicklungs- und Schwellenländern produziert. Regenwälder werden abgeholzt für unseren immensen Bedarf an Futtermitteln wie Soja, aber auch für Biotreibstoffe wie Raps und Mais. Das treibt die Weltmarktpreise für Getreide- und Ölpflanzen in die Höhe.

Am Ende trifft es uns direkt, wenn wir mit unserem Appetit auf überflüssige Nahrung die Kleinbauern am anderen Ende der Welt um Brot, Arbeit und Land bringen. Es sind nicht nur militärische Auseinandersetzungen, die Menschen aus den betroffenen Ländern zwingen, ihr Heil in der Flucht zu suchen. Wir sind ein Teil dieser Ursache, wenn wir *den Hals nicht voll kriegen können* und Nahrung aus verelenden Gebieten abziehen oder das, was wir nicht brauchen, dorthin verlagern.

Es geht hier nicht darum, mit dem Zeigefinger auf alle zu zeigen, die diese Verschwendung unterstützen. Vielmehr soll diese Thematik uns erst wieder ins Bewusstsein gerufen werden. Es geht um unsere Mündigkeit, unsere Selbstbestimmtheit und unsere Verbrauchermacht. Wir wollen nicht für das bezahlen müssen oder andere das bezahlen lassen, was auf den einzelnen Stufen der Versorgung im Müll landet. Wir wollen nicht, dass die Kleinbauern in den weniger begünstigten Erdteilen für uns das über produzieren, was ihnen selbst zum Leben fehlt. Wir wollen, dass unser Geld, das wir für Lebensmittel ausgeben, beim Bauern ankommt und nicht nur den globalen Konzernen und und Lebensmittelketten zu mehr Profit verhilft. Dabei haben wir – frei nach Oscar Wilde – einen einfachen Geschmack. Wir sind mit dem Besten zufrieden. Und das Beste ist niemals das, was im Überfluss bereit steht.

Was hält uns davon ab,
mit diesem Irrsinn aufzuhören?

„Wie soll das gehen?" fragt sich jetzt der eine oder andere. „Was kann ich als Einzelner schon tun, um diesen Wahnsinn zu stoppen?" Mehr als Sie denken. Schauen wir uns einmal an, mit welchen Begründungen der Handel aufwartet:

- Der Kunde erwartet ein abwechslungsreiches und vollständiges Angebot rund um die Ladenverkaufszeiten. Wer kurz vor Ladenschluss ins Geschäft kommt, um noch schnell etwas einzukaufen, wird von leeren Regalen abgeschreckt und kauft das nächste Mal beim Konkurrenten ein.

- Der Kunde erwartet einwandfreie Ware für sein gutes Geld: Obst ohne Schalenfehler, Gurken im Gardemaß. Alle gleich lang und gerade, Tomaten nicht gequetscht und eine wie die andere saftig rot, Kartoffeln gleich groß und ohne Keime, Brot wie gerade aus dem Backofen gezogen, Milchprodukte, deren Haltbarkeitsdatum noch in weiter Ferne liegt...

Um es kurz zu sagen, der Handel meint damit eine werbewirksame Angebotspalette. Nun, wenn das *unser* Wunsch ist, dann können *wir* ihn auch ändern. Wir sind immerhin der besagte Kunde. Wenn wir auch das Gefühl haben, nicht mehr wie früher König zu sein, so haben wir doch immer noch das letzte Wort. Der Handel wird nur anbieten, was wir ihm abkaufen. Und sagen Sie nicht, dass es nichts nutzen wird, wenn ein paar Freaks damit beginnen. Die Erfahrung lehrt, dass aus kleinen Anfängen große Massenbewegungen werden können.

Handelsklassen – außen hui und innen...?

Um hier einmal mit dem weitreichenden Vorurteil vieler Käufer aufzuräumen: die Handelsklassen sagen allenfalls etwas über das äußere Erscheinungsbild eines Nahrungsmittels aus und nichts über dessen inhaltliche Qualität. Schalenfehler, die die Optik von Äpfeln verderben, beim Transport gequetschte Tomaten, ein welkendes Salatblatt und Bananen, die von hellgelb zu gepunktet reifen, werden dem Kunden nicht zugemutet. Um den Preis nicht senken zu müssen, wird Ausschussware umgehend aussortiert. Dabei dürfen wir eines nicht vergessen: diese Verluste zahlt der Kunde mit.

Dass die Ware, die in einer Angebotskiste präsentiert wird, von gleicher Länge, Breite und Umfang sein muss, hat nichts, aber auch gar nichts mit dem Käuferwunsch zu tun.

Den meisten Mägen ist es egal, ob die Gurke vorher gerade und die eine Kartoffel der Zwilling von der anderen war. Handelsklassen sind dazu da, um möglichst hohe Preise für die repräsentative Optik zu verlangen und vor allem, weil es das Stapeln im Geschäft erleichtert. Haben Sie schon einmal versucht, verschieden krumme Gurken zu einer Pyramide aufzuhäufeln?

Haltbarkeitsdatum – futsch von jetzt auf gleich?

Besonders das Haltbarkeitsdatum gibt immer wieder Anlass zu Missverständnissen. Es ist nicht – wie allgemein angenommen wird – ein Verfallsdatum. Das Mindesthaltbarkeitsdatum gibt den Zeitpunkt an, bis zu dem ein Lebensmittel unter angemessenen Aufbewahrungsbedingungen seine spezifischen Eigenschaften behält. Das sind beispielsweise Farbe, Geruch und Geschmack. Es bedeutet nicht, dass das Produkt bei Ablauf des Datums von jetzt auf gleich nicht mehr genießbar ist.

Nach Aussage der Verbraucherzentrale Hamburg ist ungeöffnete **Frischmilch** noch drei Tage über das Haltbarkeitsdatum hinaus genießbar, das gleiche gilt für Milchprodukte und Wurst.

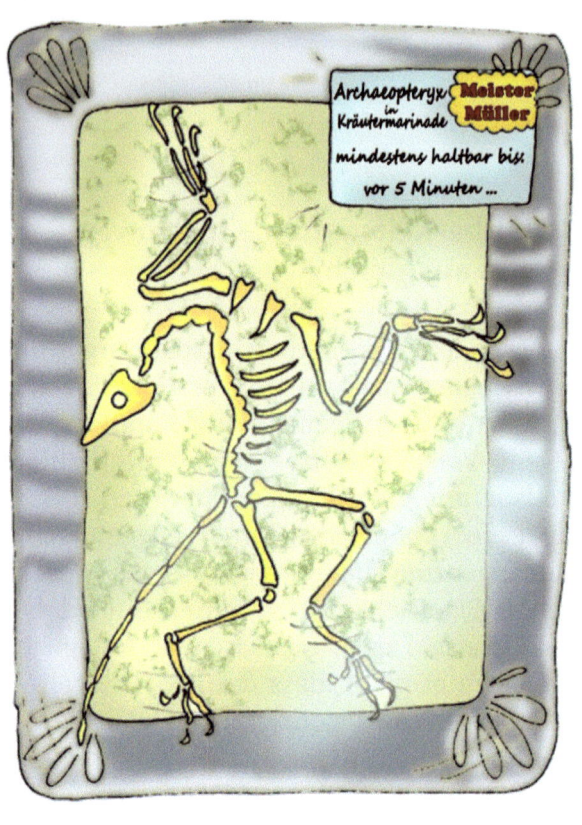

Haltbarkeit vor fünf Minuten abgelaufen?

Ungekochte Eier können noch bis zu zwei Wochen nach Ablauf des Haltbarkeitsdatums zum Kochen, Backen und Braten verwendet werden. Roh sollten sie dann besser nicht mehr verarbeitet werden. Für Nachspeisen wie Tiramisu müssen die Eier möglichst frisch sein.

Gekochte Eier halten sich länger als vier Wochen, vorausgesetzt, sie sind nicht abgeschreckt. Durch das Abschrecken nach dem Kochen bildet sich eine Luftschicht zwischen Ei und Schale. Das Ei lässt sich dann zwar leichter pellen, allerdings können auch Mikroorganismen durch die Schale eindringen. Die Verbraucherzentrale NRW empfiehlt, abgeschreckte Eier nicht länger als zwei Wochen zu lagern.

Mehl, Reis, Getreide, Kaffee, Nudeln, Marmelade, Säfte, Bier und Wein können noch mehrere Monate nach Ablauf verwendet werden. Bei lange haltbaren Lebensmittel wie Essig, Salz und Zucker braucht es kein Haltbarkeitsdatum. Die Liste der Verbraucherzentrale ist als PDF im Internet herunterzuladen: http://vzhh.de/ernaehrung.

Viele befürchten, dass nach Ablauf der Mindesthaltbarkeit die Vitamine verschwunden sind und sich Bakterien um ein Vielfaches vermehrt haben. Mit zunehmender Lagerung vermindert sich natürlich der Gehalt an bestimmten Vitaminen, insbesondere an Vitamin C , der Mimose unter den wertgebenden Inhaltsstoffen. Bei den Temperaturen jedoch, wie sie in unseren Kühlschränken herrschen, ist nicht mit einem starken Abfall zu rechnen. Der Vitamin C-Verlust beginnt eigentlich erst im Topf, besonders dann, wenn Speisen für längere Zeit warm gehalten werden. Und Bakterien fühlen sich bei Kühlschranktemperaturen äußerst unwohl, sie vermehren sich erst bei Zimmertemperatur rasant.

Tipp: Die Sinne einer Katze nutzen
von Ingeborg Mahlich

Wenn Sie sich nicht sicher sind, ob Ihre Fleisch- und Wurstreste noch genießbar sind, halten Sie ein kleines Stück davon Ihrer Katze vor die Nase. Wenn die es nicht frisst, sollten Sie es auch nicht mehr tun. Hunde sind in dieser Beziehung nicht vertrauenswürdig.

Ob ein Lebensmittel verdorben ist, können wir in der Regel an der Schimmel- oder Schleimbildung sehen. Vor allem können wir es riechen. Angeschimmelte oder grünlich-schleimige, übel riechende Produkte sollten nicht mehr verzehrt werden. Wenn der Joghurt nach Ablauf des Haltbarkeitsdatums jedoch nur leicht an der Oberfläche Molke absetzt, sonst noch gut aussieht und gut riecht, dann ist er auch noch genießbar. Die letzte Instanz ist das Schmecken. Fällt die Verkostung positiv aus, dann kann der Joghurt auf den Tisch.

Anders verhält es sich mit dem **Verfallsdatum** bei sehr leicht verderblichen Lebensmitteln wie rohem Hackfleisch, Vorzugsmilch (Rohmilch) oder frischem Geflügelfleisch, die naturgemäß zu einer verstärkten Bakterienbesiedlung neigen. Hier besteht tatsächlich nach Ablauf des Verfallsdatums die Gefahr einer hohen bakteriellen Belastung, gegen die wir besser nicht durch längere Bratzeiten ankämpfen sollten.

Das Fließgleichgewicht im Schlaraffenland

Die breite Angebotspalette ist etwas, was nur wir Käufer ändern können. Die Sorge, Kunden an den Konkurrenten zu verlieren, ist so groß, dass die Supermärkte eher Warenwerte in Millionenhöhe vernichten, als ihren Kunden ein lückenhaftes Sortiment anzubieten. Sicherlich befällt uns eine leise Enttäuschung, wenn wir gegen Ladenschluss einkaufen und bei vielen Regalen bereits den Boden sehen.

Wenn wir aber daran denken, dass vieles, was uns aus den gut gefüllten Regalen zu dieser späten Stunde noch in frischer Pracht anlacht, in wenigen Minuten Geschichte sein wird und gleich nach Geschäftsschluss entsorgt wird, dann müsste es uns eigentlich gelingen, in dieser Hinsicht umzudenken. Das können wir nicht wollen! Und Pragmatikern, denen die ethische Begründung nicht ausreicht, werden sich vielleicht davon beeindrucken lassen, dass wir all den frischen Abfall mit den Produkten mitbezahlen, die es nicht bis in die Einkaufstüte schaffen.

Einkauf mit Köpfchen
in diesem speziellen Fall artgerecht

Einkaufen mit Köpfchen

Beim Einkauf entscheidet sich bereits, was von der mitgenommenen Pracht schließlich ungenutzt im Haushaltsmüll landet. Und das ist nicht wenig. Im Schnitt wirft jeder Haushalt – wie bereits erwähnt – jährlich bis zu 400 Euro in die Tonne. Das sind nicht nur die Küchenabfälle, wie sie bei der Verarbeitung von Obst und Gemüse anfallen.

Es sind all die Produkte, von denen wir zu viel kaufen, weil vielleicht morgen eine Hungersnot ausbrechen könnte oder wir Sorge haben, plötzlich Appetit auf etwas Bestimmtes zu verspüren. Der Psychologe Stephan Grünewald bezeichnet unseren Kühlschrank daher als Gefühlsapotheke. Demnach kaufen wir Produkte, um für sämtliche Gefühlszustände gewappnet zu sein. So steht die Flasche Sekt im Kühlschrank für geselliges Zusammensein mit Freunden, die Smoothies für Wohlbefinden, die Schokolade als Notbehelf gegen Frust oder Einsamkeit, der probiotische Joghurt für Gesundheit, die Salami für Sünde oder die Milchschnitte für das Gefühl, eine gute Mutter zu sein. Ebenso könnten unerwartete Gäste kommen und denen wollen wir ja auch etwas anbieten können.

Dieser Kaufzwang für alle Eventualitäten ist ein Relikt aus der Zeit, in der die Krämer noch Mittagspause hielten und ihre Rollläden Punkt 18.30 Uhr, an den Sonnabenden sogar um 14 Uhr herunter ließen. Wir können heute fast rund um die Uhr einkaufen. Für viele, die mit ihrer Linie kämpfen, wäre es eigentlich gar nicht schlecht, nicht jedes Appetitchen sofort und umgehend stillen zu können. Und im Notfall gibt es ja immer noch die Tankstelle um die Ecke oder den Pizzadienst.

Ist Ihnen schon einmal aufgefallen, dass wir auf den Wochenmärkten ein anderes Einkaufsverhalten an den Tag legen als im Supermarkt? Da geht es ursprünglicher zu, die Angebotspalette ist begrenzt. Während der *domestizierte* Käufer in der Supermarkthalle aus dem übersatten Angebot eines von vielen wählt, erwacht auf dem Markt unser uralter Jagdinstinkt. Die Kartoffeln gehen bei einem Anbieter zur Neige und nebenan liegt noch ein großer Erdapfelberg? Da vertrauen wir doch lieber auf den guten Geschmack all derer, die den ersten bereits fast leer gekauft haben und wollen auch noch etwas davon haben. Vielleicht wäre das eine gute Übung für all jene, die im Laden pralle Regale kurz vor Geschäftsschluss erwarten. Wenn am Ende noch so viel von allem da ist, dann kann das unmöglich etwas Besonderes sein...

Dass wir mit leerem Magen und ohne die gedankliche Stütze einer **Einkaufsliste** viel mehr einkaufen als wir brauchen, ist sicher schon vielen aufgefallen. Während die Einkaufsliste für zahlreiche Kunden obligatorisch ist, wird die Macht des leeren Magens noch häufig unterschätzt. Insbesondere an den Wochenenden, wo große Käuferströme zu erwarten sind, versuchen viele noch vor Morgentau ohne Frühstück auf Produktjagd zu gehen. Schließlich können wir das in Ruhe mit gefüllten Einkaufstüten in der Cafeteria nebenan nachholen. Böse Falle! Besser wäre es, zu Hause zu essen oder vor dem

Einkauf in die Cafeteria zu gehen. Machen Sie den Selbsttest: Einkaufs- und Cafeteria-Bons aufheben und vergleichen. Sie werden überrascht sein.

Allein schon die Weitläufigkeit der Verkaufsflächen in den großen Discountern verführt zum Grasen. So ist das auch von der Verkaufsförderung gedacht. Die Platzierung der einzelnen Angebotsflächen und auch die Stellung der Verkaufsregale in quer oder längs verführen zu einem kompletten Zug durch das Geschäft. Wer in Eile ist oder wen das ärgert, der könnte seine Einkaufsliste revolutionieren. Wenn wir beim Zettelschreiben das eigene Lieblingsgeschäft nach Abteilungen auflisten und die Kaufwünsche direkt darunter schreiben, können wir sehr viel gezielter einkaufen. Wir müssen nicht dauernd zurück, weil wir etwas vergessen haben. Überdies sparen wir eine Menge Zeit und Geld, weil wir auf der Suche nach Backpulver nicht unversehens dem schier unwiderstehlichen Aktionsangeboten in der Elektroabteilung gegenüber stehen.

Kreative Zeitgenossen malen sich den **Lageplan** ihres Geschäftes auf, kopieren ihn mehrmals und tragen ihre Einkaufliste in die jeweiligen Kästchen ein. Dieser Plan hängt in der Küche und nimmt beim Bemerken von Vorratslücken gleich alles auf, was beim nächsten Einkauf mit zu bringen ist. Diese Gedankenstütze ist äußerst praktisch.

Tipp fürs Gehirn-Training

Vielleicht ist das etwas für alle, die ihr Hirn beweglich halten wollen. Der durchschnittliche Käufer wendet sich nach dem Eingang zuerst nach rechts oder, wenn das nicht geht, geradeaus nach hinten. Gehen Sie einmal anders herum. Damit setzen Sie nicht nur die verkaufsfördernden Ziehkräfte außer Kraft, sondern werden feststellen, dass Sie viel gezielter und vor allem selbstbestimmter einkaufen.

Der Slogan „Einmal hin und alles drin" einer großen Supermarktkette beschreibt kurz und prägnant ein verbreitetes Problem unserer Zeit. Alles muss schnell gehen und so effektiv wie möglich erledigt werden. Diese Alltagsperfektion gehört schon fast zum guten Ton. Um da mithalten zu können, bedarf es eines guten Zeit- und Organisationsmanagements auf nahezu allen Ebenen. Viele können oder wollen berufsbedingt nur einmal in der Woche einkaufen. Besonders für Zeitakrobaten ist es wichtig und wohltuend, den Einkauf gut zu organisieren. Ein ungefährer **Wochenspeiseplan** hilft dabei, nicht doch eine wichtige Zutat zu vergessen. Sonst steht man dann mit einem Produkt in der Küche und kann es nicht auf den Tisch bringen, weil ein anderes, das man vergessen hat, beim *Einmal hin nicht drin* ist.

Für die meisten ist wohl ein bestimmter Tag in der Woche der obligatorische Einkaufstag. Eine gute Idee ist es, mindestens den Tag davor zum Reste-Essen-Tag zu erklären. Damit bekommen wir nicht nur einen guten Überblick über das, was alles fehlt. Auf diese Weise können wir ebenso sicherstellen, dass die Beute der letzten Woche auch wirklich aufgegessen wird und nicht verderben kann. So ein Reste-Tag ist in der Regel sehr viel kulinarischer, als es sich jetzt anhören mag.

Die Hausfrauen der Nachkriegszeit sind wohl die unübertroffenen Meisterinnen dieses *Tabula rasa*-Prinzips. Wir haben für die vorliegende Rezepte-Sammlung einige Zeitzeuginnen sowie deren Töchter und Söhne befragt. Uns hat sehr beeindruckt, welche Kochkompetenz und Kreativität uns dabei begegnet ist. Wir stießen auf einen Fundus an einfacher und schmackhafter Hausmannskost, die in kaum einer Koch-Show oder Hochglanzlektüre gewürdigt wird.

Der ultimative Zeitspar-Tipp

Reste von Suppen, Soßen und Eintöpfen werden noch heiß in saubere, ausgediente Gurkengläser mit Schraubdeckel gefüllt. Sie halten sich für ein bis zwei Wochen im Kühlschrank. Für eine schnelle Suppe oder Soße kommt so ein Glas kurz in die Mikrowelle.

Die Koreanerin Jihyun Ryou vor ihrem Kunstprojekt „Save Food from the Refrigerator"

Der richtige Parkplatz für frische Esszutaten

Welchen Stellenwert unser Essen für die meisten von uns hat, zeigt sich in der Art, wie wir es zu Hause aufbewahren. Die koreanische Künstlerin Jihyun Ryou aus Amsterdam zeigt in ihrem Kunstprojekt „Save Food from the Refrigerator" einen besonders eindrucksvollen und achtsamen Umgang mit Speisezutaten. Sie ist davon überzeugt, dass die Verschwendung von Lebensmitteln vermieden werden kann, wenn die Menschen einen anderen Bezug zu ihren Nahrungsmitteln bekommen – sie also nicht in einen Kühlschrank verbannen, sondern vor sich sehen. Dafür hat sie ein spezielles Wandregal entwickelt, in dem die natürlichen Wachstumsbedingungen für verschiedene Gemüsesorten nachgestellt werden. In dieser Regalkonstruktion lagern Porree, Möhren und Salate so, wie es auch draußen üblich ist: hell, moderat warm und aufrecht. Für andere Lebensmittel nutzte sie das uralte Wissen von Bauern und Großeltern, die ihre Lebensmittel ohne Kühlschrank frisch halten mussten.

Natürlich haben wir das in unseren Küchen ausprobiert. Besonders der Rat, Kartoffeln in einer luftigen Kiste zusammen mit Äpfeln aufzuheben, soll als ultimativer Tipp weitergegeben werden.

Tipp : Apfel und Tomaten als *schnelle Brüter* nutzen:

Das Reifegas von Äpfeln und Tomaten lässt Gemüsenachbarn in Küche und Kühlschrank schnell alt aussehen. Der Effekt lässt sich allerdings auch positiv nutzen. Unreife Früchte, beispielsweise Avocados und Bananen, reifen in der Nähe von Tomaten und Äpfeln schneller nach.

Das Äthylen, das die Äpfel verströmen, verhindert wirkungsvoll das Auskeimen der Kartoffeln. Kopfsalate, Blumenkohl und

Brokkoli dagegen welken sehr viel schneller, wenn sie zusammen mit Äpfeln lagern und deren Ausdünstungen *einatmen*. Allein Lauch und Pilze lassen sich davon nicht beeindrucken.

Für **Küchenkräutersträuße, Porree und Zwiebelgrün** ist das Sichtregal in der Küche tatsächlich eine Option. Vorausgesetzt, dass sie in den nächsten zwei bis drei Tagen verbraucht werden. Müssen sie länger frisch bleiben, sind sie im Gemüsefach des Kühlschrankes besser aufgehoben, weil der Vitamin C-Verlust dadurch aufgehalten wird. Die Glasscheibe über dem Gemüsefach hat übrigens eine Art Sprinklerfunktion: die aufsteigende Wärme kondensiert an der kalten Scheibe und befeuchtet das Gemüse.

Für **Möhren** ist das mit feuchtem Sand gefüllte Glas im Sichtregal nicht geeignet, wenn sie für längere Zeit lagern müssen. Sie verlieren dabei sehr bald ihre *Fasson* und werden welk. Unsere Möhren kommen nach diesem *Freilandversuch* wieder in den Kühlschrank. Allerdings nicht zusammen mit anderen Gemüsen. Sie schimmeln gern im feuchten Kühlschrankmilieu. Um nicht die anderen Gemüse zu infizieren, sollten Möhren in einem extra Gemüsefach oder einer geschlossenen Dose aufgehoben werden.

Blattsalate gehören in das Gemüsefach des Kühlschrankes. Sie halten sich dort für etwa eine Woche. Allerdings dürfen sie nicht zusammmen mit Äpfeln und Tomaten gelagert werden.

> **Tipp: Nicht ohne Küchenpapier**
>
> Im Gemüsefach ausgelegtes Küchenpapier saugt überflüssige Feuchtigkeit auf und verhindert, dass das Gemüse matschig wird und vorschnell schimmelt.

Kartoffeln fühlen sich bei Zimmertemperatur wohl. Im Kühlschrank können sie erfrieren. Müssen sie längere Zeit gelagert werden, bietet sich ein kühler Keller an. Auch **Tomaten, Bananen und Südfrüchte** mögen die Kälte im Kühlschrank nicht. Sie verlieren dort viel von ihrem Aroma. Das gilt auch für Zitronen. Singles, die sie in größeren Mengen in einem Beutel kaufen und für längere Zeit lagern müssen, wählen allerdings besser den Kühlschrank. Dort schimmeln die Zitronen nicht so schnell. Grundsätzlich gilt jedoch, dass alles, was in warmen Klimazonen wächst, nicht in den Kühlschrank gehört. Gemüse, Blattsalate und Obst aus unseren Breiten vertragen Kälte in der Regel gut.

Tipp: Küchenkräuter einfrieren
Susanne Hagedorn

Küchenkräuter, die nicht schnell verbraucht werden können, halten tiefgefroren länger. Hierzu sollten die Kräuter fein gehackt, in einen Eiswürfelbehälter getan, mit Wasser aufgefüllt und in die Gefriertruhe gestellt werden. Am nächsten Tag, wenn alles gut durchgefroren ist, können die Kräuterwürfel in eine Gefriertüte oder -dose umgefüllt werden. So kann immer alles einzeln entnommen und portioniert werden und peppt Suppen oder Soßen auf.

Wenn **Kräuter** in den nächsten zwei bis drei Wochen verbraucht werden können, bietet es sich an, sie nach dem Waschen gut abtropfen zu lassen, klein zu hacken und in ein Schraubdeckel-Glas zu füllen. Ein wenig Öl und etwas Salz darüber sorgen dafür, dass sie nicht verderben können. Wichtig ist, bei der Entnahme grundsätzlich einen sauberen Löffel zu nehmen.

Tipp: Knollen ohne Blätter

Rüben und Knollen halten sich ohne Blattwerk länger. Die Blätter entziehen den Knollen zu viel Wasser und lassen sie schneller welk werden.

Fleisch, Wurst und Milchprodukte gehören in die *Arktis*-Zonen des Kühlschranks. In der Regel sind das die obersten Fächer in der Nähe des Aggregates. Für Wurst und Käse sind übrigens Plastikgefäße nicht geeignet. In diesen bildet sich Kondenswasser, das Wurst und Käse schneller verderben lässt. Besser ist es, die einzelnen Sorten in Pergamentpapier zu verpacken und in offenen Kühlschrankkörben zu sammeln.

Und wenn doch etwas zu **schimmeln** beginnt, muss es sofort in den Müll. Oder nicht? Bei weichen Lebensmitteln mit hohem Wasseranteil wie Obst, Frischkäse, Jogurt oder Säfte, lautet die Antwort eindeutig ja. Der sichtbare Schimmelrasen zeigt nicht das ganze Ausmaß an. Schimmelpilze arbeiten sich mit dünnen Fäden tief in das Lebensmittel hinein. Zahlreiche Schimmelpilze produzieren Gifte, die sich gerade in weichen oder flüssigen Lebensmitteln gut verteilen können. Den kleinen grünen Fleck von Pfirsich, Tomate oder Apfelsine weg zu schneiden, hilft deshalb wenig. Auch Nüsse, Samen und Gewürze sollten schon beim Verdacht entsorgt werden. Hier nistet sich gerne der Schimmelpilz *Aspergillus flavus* ein, der die Leber empfindlich schädigen kann.

Befällt der Schimmel allerdings nur die oberflächliche Kruste von Brot, Salami oder Hartkäse, reicht es, diesen großzügig wegzuschneiden. Auch bei Marmelade genügt es, den Schimmelbefall großzügig zu entfernen.

Tipp: Die richtige Lagerung von Käse
von Uwe Zurbriggen

Käse am besten immer am Stück kaufen und ihn so lange, wie er nicht verwendet wird, in der Verpackung lassen. Angeschnittenen Käse nach jedem Gebrauch in eine neue Frischhaltefolie wickeln. Bei Käseplatten für die unterschiedlichen Käse immer separate Schneidwerkzeuge verwenden. Um Verunreinigungen zu vermeiden, darf Schnittkäse niemals mit dem Messer geschnitten werden, das für Schimmelkäse benutzt wurde. Gorgonzola-Schimmel hat auf Emmentaler nichts zu suchen.

Tipp: Lagerung von Schokolade

Schokolade sollte besser im Kühlschrank gelagert werden. Bei Zimmertemperatur verliert sie wegen ihres hohen Fettgehaltes an Geschmack, gutem Aussehen und Appetitlichkeit. Zum Essen rechtzeitig aus der Kälte holen, denn das Aroma und der typische Schokoladenschmelz entwickeln sich nur bei Zimmertemperatur

Reste - neu aufgetischt

Fragt man Seniorinnen, was sie mit Speiseresten anstellen, fangen ihre Augen mit schöner Regelmäßigkeit an zu leuchten. Viele haben eine Fülle von Rezepten und Reste-Zubereitungen parat. Die Herren waren in früheren Zeiten in der Küche eher nicht gern gesehen. Immerhin wurde geschummelt, was das Zeug hielt. „Männer dürfen alles essen, aber nicht alles wissen" war das Motto der Ehefrauen in den Nachkriegsjahren. So wurde das Kaffeepulver – wenn man denn welches ergattern konnte – mit Zucker und Semmelbröseln gestreckt. Wir haben das ausprobiert, es merkt wirklich keiner. Die Semmelbrösel nehmen binnen kurzer Zeit den Kaffeegeschmack an und der Zucker wirkt als Geschmacksverstärker.

Nicht mehr ganz frische Lebensmittel wurden indes zu phantasievollen Mahlzeiten verarbeitet, die jeden Gourmet überraschen konnten. Lebensmittel waren damals so wertvoll, dass man sich nur schweren Herzens und nur dann von ihnen trennte, wenn sie wirklich schlecht geworden waren. Ein gutes Beispiel findet sich im Werk „Zuverlässige und selbstgeprüfte Recepte der gewöhnlichen und feineren Küche" von Henriette Davidis zu ranzig gewordener Butter, ein zu damaligen Zeiten kostbares und teures Lebensmittel:

„So tut man wohl, die Butter nochmals gut durchzukneten und zwar mit etwas scharfem, weißen Essig, der aber wieder gut herausgewaschen werden muß."

So weit wollen wir es mit der Nostalgie natürlich nicht treiben. Diese Zeiten, in die wir gerade abgetaucht sind, waren nicht nur für die Haushalte hart. Die Kochbücher von Henriette Davidis (1801-1876), die in den beiden Nachkriegszeiten Standardwerk der meisten Haushalte waren, sind ein unglaublicher Fundus an kreativen Kochideen. Sie hinterlassen ebenso einen nachhaltigen Eindruck, wie schwer es in den einfach ausgestatteten Küchen zu Mangelzeiten war, die Familie zu versorgen.

Unsere modernen Küchen sind mit allem technischen Schnickschnack ausgestattet. So können wir einen Großteil unserer Zeit anderen Dingen als der Speisezubereitung widmen. Das wollen wir auch gar nicht ändern. Aber wir dürfen in unserem eigenen Interesse einiges der damaligen Resteverwertung vorzüglich in unsere hochtechnisierten Küchen übernehmen. Die Wertschätzung des Essens wurde in den letzten Jahrzehnten unter den sich ansammelnden Müllbergen begraben. Sie verdient es, ins allgemeine Bewusstsein zurückgeholt zu werden.

Viele Jüngere, die eher eine *Convenience*-Küche mit industriell vorgefertigten Speisen bevorzugen, werden bei den meisten Rezepten genaue Mengenangaben vermissen. Das haben Restepfannen aber nun mal so an sich. In Topf oder Pfanne kommt rein, was noch da ist. Nur Mut. Holen Sie sich hier den Appetit und fangen Sie zu Hause einfach an. Das Besondere an der Resteverwertung ist, dass Sie mit einfachsten Zutaten auskommen und kein haushälterisches Können beweisen müssen. Sie müssen kein Chefkoch sein, um ein altbackenes Brötchen zum armen Ritter zu schlagen. Sie müssen es nur tun. Und wenn mal etwas misslingen sollte – das passiert dem besten Koch – kann man es immer noch wegwerfen, der Katze geben oder selbstbewusst behaupten, die Rezeptur sei daran schuld gewesen.

Tipp: Der Schnittkäse ist trocken?

Um so besser lässt er sich mit einem Mixer oder einer Küchenreibe zu Reibekäse verarbeiten. In einem kleinen Einmachglas mit lose aufgelegtem Deckel hält sich der Käse für mehrere Tage im Kühlschrank. In geschlossenen Plastikdosen oder fest verschlossenen Schraubdeckel-Gläsern schimmelt er schnell.

Hände an den Herd

Wir haben uns angewöhnt, möglichst wenig Zeit mit der Essenszubereitung zu verbringen. Komplette Hauptmahlzeiten können in Minutenschnelle auf den Tisch gebracht werden. Dabei ist uns nicht nur ein schmackhaftes und gesundes Essen verloren gegangen. Die Kompetenzen, die es braucht, um ein gutes Essen zu kochen, sind vielen von uns nicht mehr geläufig. Das ist schade. Aber noch ist nicht alles verloren. Anfänger finden genaue Anleitungen in Grundkochbüchern wie dem „Schulkochbuch" von Dr. Oetker. Über die genannten Zutaten aus dem gleichen Hause sieht man einfach großzügig hinweg. Internet-Gängige werden auf Portalen wie Chefkoch.de fündig.

Trauen Sie sich, beim Marktstand und im Fleisch- oder Fischgeschäft zu fragen, wie dieses oder jenes zubereitet wird. Alle, die es können, sind immer gern bereit, ihr Wissen zu teilen. Wenn Sie im Restaurant auf das Essen warten, nutzen Sie die Zeit zum Studieren der Speisekarte. Lassen Sie sich inspirieren. Blattspinat mit Knoblauch in Öl gebraten und mit Rosinen und Pinienkernen vermischt ist z.B. so ein Fundstück aus einer spanischen Tapasbar. Lecker! Oder schauen Sie zu, wie in einer italienischen Restaurantkette das Gewünschte vor Ihren Augen zubereitet wird. Das schaffen Sie zu Hause auch.

Es führt kein Weg darum herum: Wer Reste verwerten und richtig lecker essen will, muss selber kochen. Wer glaubt, dass er das nicht kann, ist vielleicht den vielen TV-Kochsendungen und Hochglanzkochbüchern auf den Leim gegangen. Wenn Chef- und Sterneköche am Werk sind, beschleicht den Laien schnell das Gefühl, dass das, was da so stylisch auf den Tellern drapiert ist, nicht ganz so gelingt, wenn man es in der heimischen Küche nach kochen möchte. Nun, darum geht es ja zu Hause auch nicht. Niemand mag dreimal täglich *Haute Cuisine*. Schlichte Hausmannskost besticht durch ihre Einfachheit. Sie kommt mit wenigen Zutaten aus, gelingt fast immer und schmeckt wie bei

Muttern. Alles, was Sie brauchen, ist ein gewisser Bestand an Grundzutaten, alle Ihre Lieblingsgewürze in greifbarer Nähe, etwas Mut zum eventuellen Scheitern und das Urvertrauen, dass man am gründlichsten aus den eigenen Fehlern lernt. Dann kann es schon losgehen.

Trauen Sie sich, die Rezepturen nach eigenem Gutdünken zu verändern und tauschen Sie Zutaten aus, die Sie nicht mögen. Vielleicht fangen Sie damit an, alle fertigen Würzen, Trockensoßen und Salatkrönungen aus Ihrer Küche zu verbannen. Die brauchen Sie nicht. Auch Gewürzmischungen macht man sich am besten selbst. Schauen Sie auf die Inhaltsangabe Ihrer Lieblingsmischungen und stellen Sie sich danach Ihre eigene her.

Tipp: Pommes-Gewürzsalz

2 TL Paprikapulver, 2 TL Currypulver und 4 TL Salz in eine Streudose mit Deckel füllen und gut vermischen. Fertig. Wer sich die Küchenarbeit erleichtern will, stellt den Behälter vor dem Füllen auf einen Teller, von dem eventuelles Verstreugut leicht abzuspülen ist.

Tipp: Die geniale Gemüsepaste

Sie wollen eine ehrliche Suppe oder Soße ohne Geschmacksverstärker?

700 g Suppengemüse (rohe Möhren, Sellerie, Porree), ein Bund frische Petersilie, 100 g Salz im Mixer zu einer Paste zerkleinern, in Schraubdeckel-Gläser füllen und im Kühlschrank aufbewahren.

Diese Paste wird durch das Salz konserviert und hält sich etwa für ein Jahr. Das Glas, das gerade *in Arbeit* ist, hebt man am besten für den schnellen Zugriff in der Kühlschranktür auf. Die restlichen Gläser warten im obersten Kühlschrankfach auf ihren Einsatz. Sie können die Paste mit weiteren Zutaten wie Petersilienwurzel und Ihren Lieblingskräutern aufpeppen.

Für eine schnelle Tasse Brühe übergießt man einen gehäuften Teelöffel mit heißem Wasser. Für einen Liter Brühe braucht es einen gehäuften Esslöffel.

Für eine **Suppe oder einen Eintopf** braten Sie zunächst eine grob gewürfelte Zwiebel, ein bis zwei gepresste oder klein gehackte Knoblauchzehen in zwei Esslöffeln Öl an. Wer mag, nimmt zusätzlich etwas gewürfelten Räucherspeck dazu. Danach wird das zerkleinerte Gemüse kurz mit gebraten und mit etwa einem halben Liter Gemüsebrühe abgelöscht. Die Flüssigkeit sollte das Gemüse gerade bedecken. Weiter geht es mit diversen Zutaten, je nachdem, was am Ende dabei herauskommen soll. Auch für warme Soßen und Salatsoßen braucht es keine fixen Tüten. Das können Sie selbst. Fast genau so schnell, aber viel leckerer.

Tipp: Suppe versalzen?
Eine rohe geschälte Kartoffel in Stücken auf einen Holzspieß stecken, zehn Minuten in der Suppe mitkochen und herausnehmen.

Tipp: Suppen und Soßen werden durch Zugabe von zerdrückter Avocado wunderbar sämig. Wichtig ist, die Suppen danach nicht mehr aufzukochen. Sie können leicht bitter werden.

Tomatensoße

Tomatenmark mit etwa der doppelten Menge Gemüsebrühe, italienischem Gewürz, Paprikapulver, Curry und Pfeffer aufkochen. Zum Schluss mit Kondensmilch oder Sahne bei geringer Wärme eindicken lassen.

Bolognese-Soße

Gehacktes, Zwiebeln, zerdrückte Knoblauchzehe in Öl anbraten. Mit Gemüsebrühe ablöschen. Tomatenmark, italienisches Gewürz, Paprikapulver, Curry und Pfeffer nach Bedarf dazugeben und köcheln lassen. Mit einer Dose Kidneybohnen, einer kleinen Chili und eingelegten Paprikastücken wird das Ganze zu **Chili con Carne**.

Sauce Hollandaise von Christine Hermann

Zwei Eigelb und etwas Zitronensaft in ein hohes Behältnis geben. 250 g Butter in einem Topf schmelzen und zum Eigelb geben. Einen Stabmixer auf den Boden des Topfes stellen und dann erst anstellen. Nach etwa 30 Sekunden entsteht aus den Zutaten eine cremige Soße, die nach Belieben mit Salz, Pfeffer, Muskat und Kräutern gewürzt werden kann.

Die einfachste Salat-Anmache

...funktioniert so: Salat waschen und trocken schleudern. In einer großen Schüssel Olivenöl, etwas Balsamico oder ausgepressten Zitronensaft mit Salz, Pfeffer und Petersilie vermischen. Kurz vor dem Essen den Salat und weitere Zutaten wie Tomaten, Gurken dazugeben, mit der Soße vermengen und fertig.

Tipp: Angeschnittene Avocadohälften

kann man für zwei Tage im Kühlschrank lagern. Dazu wird die Hälfte, in der man den Kern belässt, mit Zitronensaft beträufelt und fest mit Folie umwickelt.

Hartes Brot – nicht nur für Enten

Reste von altbackenem Brot fallen in vielen Haushalten an. Ein Blick in unsere Hausmülltonnen bestätigt das. Ob ein Brot schon altbacken oder genau richtig ist, wäre vor einigen Jahren anders beurteilt worden als heute. Früher wurde Brot nicht frisch aus dem Ofen gegessen. Es ist unbekömmlich, weil die darin enthaltene Stärke kurz nach dem Backen noch zu viel Wasser ansammelt. Bei der Lagerung verliert das Brot an Feuchtigkeit und wird bekömmlicher.

In den damaligen Brot-Backstuben gab es deshalb die sogenannte Brotkammer, in der frische Brote für einen Tag gelagert wurden, bevor sie in den Verkauf kamen. Für den heutigen Geschmack sind das Vortagsbrote, die die meisten von uns für zu alt erklären. Das liegt nicht allein daran, dass wir alle zu verwöhnten *Warmduschern* mutiert sind. Es hat auch etwas mit der Art zu tun, wie Brot gebacken wird. Ursprünglich durfte der Brotteig mindestens 24 Stunden durch natürliche Säuerung gären, bevor der Brotlaib in die Röhre kam. Ein solches Brot behält über mehrere Tage seine elastische Konsistenz. Heute gibt es industrielle Backtriebmittel und -verfahren, die es erlauben, das Brot in sehr kurzer Zeit zu backen. Diese schnellen Brote werden tatsächlich schnell alt und dabei vor allem hart. Das ist jedoch kein Grund, sie in die Tonne zu werfen. Aus altbackenem Brot lässt sich sehr viel Leckeres zaubern. Sein Vorteil liegt gerade darin, dass es Gewürze aus Tunken und Soßen sehr viel besser aufnimmt als zu seinen frischen Zeiten.

Für die **Lagerung von Brot** eignen sich am besten Ton und Holz. Nehmen Sie eine große Tonschüssel, legen Sie das Brot auf ein Holzbrett und decken Sie es mit der Tonschüssel ab. Auch Brotbeutel aus Leinen sind eine gute Option, um das Brot länger frisch zu halten. Frisches Toastbrot friert man am besten gleich nach dem Einkauf ein, entnimmt es scheibchenweise bei Bedarf und toastet die gefrorenen Scheiben. Pumpernickel hebt man am besten in einer geschlossenen Dose im Kühlschrank auf, Vollkornbrot in der warmen Jahreszeit am besten auch.

Altbackene Brötchen

in Scheiben schneiden und in einer beschichteten Pfanne oder auf dem Toaster auffrischen. Größere Mengen wärmt man kurz bei 150°C Umluft im Backofen auf. Ganze Brotlaibe bestreicht vorher mit Wasser oder stellt eine Tasse mit Wasser in den Backofen. Ulrike Mahlich-Hennecke

Schnelle Croûtons

Trockene Brotscheiben in Würfel schneiden und in einem Gefrierbeutel in der Tiefkühltruhe aufbewahren. Als Beilage zu Suppen oder Salaten in wenig Öl kross braten. Wer es nicht so fettig mag, mischt die Brotwürfel einfach ungebraten unter den Salat. Durch die Salatsoße werden die trockenen Brotstückchen nicht nur wieder *beißfähig*, sondern auch lecker würzig. Die Croûtons kann man im Kühlschrank in einer Plastikdose für etwa eine Woche aufbewahren.

71

Paniermehl von Harry Hofmann

Trockene Brotscheiben und Brötchen können in einem Küchenmixer zu Paniermehl vermahlen werden. Besonders lecker ist das mit Gewürzbroten wie Laugengebäck, Zwiebel- oder Kümmelbrot und Pumpernickel, die der Panade von Fleisch- und Fischgerichten eine interessante Note geben.

Die altbackenen Brotscheiben werden auf ein Backblech gelegt und bei 150°C getrocknet. Weiter geht es im Mixer. Wenn man keine sehr leistungsfähige Küchenmaschine hat, werden die leicht getrockneten Brotreste im Mixer fein gemahlen und dann auf einem mit Backpapier ausgelegtem Blech bei 150°C getrocknet.

Wichtig ist, dass die Brösel absolut trocken sind, damit sie bei der Lagerung nicht schimmeln. In einem Schraubdeckel-Glas kann man das Paniermehl für etwa einen Monat im Kühlschrank oder sechs Monate in der Gefriertruhe aufheben.

Tipp: Braune Soße

Probieren Sie einmal, eine braune Soße mit Pumpernickel-Paniermehl einzudicken. Für zusätzlichen Pfiff sorgt ein Teelöffel Backkakao oder Pulverkaffee. Die Pulverkaffee-Variante passt besonders gut zu Lammbraten. Sie werden sie wahrscheinlich lieber mögen als die braune Soße aus der Trockentüte mit fragwürdigen Zusatzstoffen und Aromen.

Brotpfanne und Dakos

Brotwürfel mit Zucchini, Tomaten, Feta, italienischen Kräutern und Pfeffer in einer Pfanne in Öl braten oder in einer Auflaufform im Backofen aufbacken.

Ganz ähnlich ist das griechische Rezept *Dakos*: altes Brot aufschneiden, mit Tomatenwürfeln, Feta, Olivenöl und Gewürzen füllen und im Backofen knusprig backen.

Hasenbrot

Hasenbrot kam in den Nachkriegsjahren sehr oft als Abendessen auf den Tisch. Das waren die belegten Schulbrote der Kinder oder der außer Haus beschäftigten Familienmitglieder. Was tagsüber nicht gegessen wurde, kam abends in die Pfanne. Wurstbrote können gut von beiden Seiten in etwas Öl angebraten werden. Käsebrote sollten lieber nur von der unteren Seite gebraten werden, sonst kleben sie in der Pfanne fest.

Es soll Menschen gegeben haben, die diese Verwertungsvariante lieber aßen als das Original tagsüber.

Eierbrot

Zutaten: Toast- oder Graubrotscheiben, die gleiche Menge an Eiern, Salz, Pfeffer, Butterschmalz zum Ausbraten.

Zubereitung: Eier, Salz und Pfeffer mit dem Schneebesen verschlagen. Wenig Fett in einer Pfanne erhitzen. Die Brotscheiben in der Eiermasse wälzen. In der heißen Pfanne beidseitig goldgelb ausbacken.

Brotsuppe

Brotsuppe kann man auf viele verschiedene Arten zubereiten. Die einfachste ist diese hier:

Zutaten: 2-4 Scheiben altbackenes Brot, 2 EL Butter, 2 Knoblauchzehen, Majoran, Petersilie, Schnittlauch, 1½ l Gemüsebrühe, 1 EL Sahne und vier Würstchen.

Zubereitung: Das Brot in Würfel schneiden und in Butter anbraten. Knoblauch, Majoran und Gemüsebrühe dazugeben, etwa 10 Minuten köcheln lassen. Würstchen in Scheiben schneiden und für 5 Minuten mit köcheln. Zum Schluss kleingehackte Petersilie, Schnittlauchröllchen und Sahne dazugeben.

Statt der Würstchen schmecken auch Räucherlachsstreifen und Dill oder angebratener Räucherspeck mit gerösteten Zwiebeln. Wer es etwas säuerlicher mag, gibt statt der Sahne einen mit Ei verquirlten Joghurt, Creme fraiche oder Frischkäsereste dazu.

Brezenknödel von Wilhelm Bühler

Bei einem guten Gastgeber bleiben nach Empfängen immer Laugenbrezeln übrig, zumindest in unseren südlichen Landesteilen. Was aber mit den altbackenen Brezeln machen? Wegwerfen? Nein! Schauen wir lieber, was die bayerische Küche in dieser Hinsicht zu bieten hat.

Zutaten: 8 Brezeln, 250 ml Milch, 4 Eier, 2 EL gehackte Petersilie.

Zubereitung: Die Brezeln in kleine, dünne Stücke schneiden, in eine Schüssel geben, mit der erhitzten Milch übergießen und eine halbe Stunde quellen lassen. Alle 10 Minuten umrühren. Einen großen Topf mit Salzwasser aufsetzen. Die gehackte Petersilie zusammen mit den Eiern zur Teigmasse geben und mit dem Knethaken des Handrührgeräts gut vermengen. Mit angefeuchteten Händen etwa acht Knödel formen und ins kochende Salzwasser geben, 25 Minuten köcheln lassen. Die Knödel mit einem Schöpflöffel aus dem Wasser nehmen und gut abtropfen lassen.

Knödelreste werden in Scheiben geschnitten und von beiden Seiten kross angebraten.

Alte Brötchen mit Suchtpotenzial

von Christine Gleich

Variable Zutaten: Brötchenreste, Reste vom Braten oder Aufschnitt, Wurst oder gewürfelter Schinken, Schnitt- oder Hartkäse, Gemüse wie Paprika und Champignons oder Reste von gegartem Gemüse ohne Soße.

Zubereitung: Brötchen der Länge nach aufschneiden. Alle anderen Zutaten in kleine, etwa erbsengroße Stücke schneiden und locker vermischen. Auf einen 3/4 Liter dieser Reste-Grundlage einen Becher süße Sahne untermengen, mit Pfeffer und Oregano oder italienischen Kräutern würzen. Die Brötchenhälften mit der Masse reichlich, aber nicht zu hoch belegen. Backblech mit Backpapier auslegen, Brötchenhälften bei knapp 200°C Umluft backen, bis sie lecker duften und oben gebräunt sind.

Sollten die Brötchen nach dem Backen innen noch zu nass sein, ein wenig bei etwas geringerer Temperatur nach backen.

Vorsicht Suchtgefahr!

Toast Hawaii

Dieser Toast war in den 60-er Jahren der Renner und obligatorische Snack, wenn Gäste kamen.

Zutaten: Toastbrot, Kochschinken, Ananas, Käse.

Zubereitung: Toastbrot (je nach Anzahl und Appetit, pro Person ein bis zwei Stück) leicht toasten und buttern. Mit einer Scheibe Kochschinken, einem Ring Ananas und einer Scheibe Käse belegen. Im Backofen grillen, bis der Käse goldbraun gebacken ist.

Falsche Pizza

Zutaten: Toastbrot, rotes Pesto, Wurst- und Gemüsereste, italienische Kräuter, Käse zum Bestreuen.

Zubereitung: Leicht getoastete Toastscheiben mit Pesto bestreichen, mit Wurst- und Gemüseresten belegen, mit italienischen Kräutern würzen, mit geriebenem Käse bestreuen und über grillen.

Brotaufläufe gibt es in süß und deftig. Sie sind ideal zur Brotverwertung, weil altbackenes Brot besser den Geschmack der anderen Zutaten annimmt als frisches. Das Mengenverhältnis von Brot zu Gemüse sollte etwa 1:2 sein. Die Variationsmöglichkeiten sind schier unendlich. In den Aufläufen kann man alles kombinieren, was man normalerweise auf oder mit Brot isst.

Fenchel-Brotauflauf von Taina Guedes

Zutaten: 1 große Fenchelknolle, 1 Zwiebel, 2 Knoblauchzehen, 150 g Cocktailtomaten, 1 altbackenes Brötchen, 1 Tasse passierte Tomaten, 150 g Mozzarella, etwas Parmesan, Olivenöl für die Form, Salz, Pfeffer, Kräuter.

Zubereitung: Eine kleine Auflaufform mit Olivenöl einfetten. Die Zwiebel in Ringe, die Fenchelknolle in 0,5 cm dicke Scheiben schneiden und die Tomaten halbieren. Den Knoblauch fein hacken und das trockene Brot in mundgerechte Stücke schneiden. Alles zusammen in die Auflaufform geben, würzen und gut vermischen. Die passierten Tomaten darüber gießen, mit dem in Scheiben geschnittenen Mozzarella belegen und mit (frisch) geriebenem Parmesan bestreuen. Im Ofen ca. 20 - 25 Minuten bei 200°C backen.

Statt des Fenchels können ebenso gebratene Zucchini, Auberginen, rote oder gelbe Paprika oder nur Tomaten verwendet werden. Anstelle der Brötchen schmecken auch Nudeln oder Reis. Mozzarella kann man durch andere Käsesorten wie Feta oder geriebenen Käse ersetzen.

Galeerentoast für Süßschnäbel

Brotauflauf für Süßschnäbel

Altbackene Toast- oder Weißbrotscheiben mit Butter und Marmelade oder Pflaumenmus bestreichen, schräg nebeneinander – so etwa wie Galeerensträflinge – in eine feuerfeste Auflaufform schichten. 2 Eier mit 300 ml Milch verschlagen und darüber gießen. Bei 180°C etwa eine halbe Stunde im Backofen backen bis die Oberfläche goldgelb ist. Fürs Auge eventuell vorher mit Mandelplättchen oder Krokant bestreuen.

Süßer Brotpudding

Zutaten: altbackene Brötchen (etwa 300 g), ½ l Milch, 2-3 Eier, bei Belieben Rosinen, 50-60 g Zucker, 1 EL Vanillezucker, 1 abgeriebene Zitronenschale, Butter und Semmelbrösel.

Zubereitung: Die Brötchen in kleine Stücke schneiden und in eine Schüssel geben, Milch zufügen und zwei Stunden durchziehen lassen, bis die Brot- und Brötchenreste durchgeweicht sind. Die Reste während des Einweichens gelegentlich mit der Hand durchmischen. Die eingeweichte Brotmasse mit dem Knethaken des Handrührgeräts zu Brei vermischen. Rosinen, den Abrieb der Zitronenschale, Zucker, Vanillezucker sowie Eigelbe unterheben. Das verbliebene Eiweiß steif schlagen und unter die Brotmasse heben. Eine runde Backform mit der Butter einfetten und mit Paniermehl auskleiden. Die Masse bis knapp unter den Rand in die Form füllen, den Deckel der Form aufsetzen. Die Form in einen passenden Topf stellen und bis etwa zwei Zentimeter unter den Deckelrand der Form mit Wasser auffüllen.

Das Wasser zum Kochen bringen und den Pudding nun ungefähr eine Stunde sieden lassen. Mit einem Holzstäbchen* prüfen, ob der Pudding fertig ist. Vor dem Stürzen etwas abkühlen lassen. Dazu können Sie Vanillesoße, Marmelade oder Backobst servieren.

* Mit der Holzstäbchenprobe lässt sich prüfen, ob ein Gebäck durch gebacken ist. Dazu sticht man das Stäbchen in die Mitte des Kuchens und zieht es wieder heraus. Bleiben Teigreste am Stäbchen kleben, muss der Kuchen noch weiter backen.

Arme Ritter

Zutaten: altbackene Brötchen, Milch.

Zubereitung: Brötchen in Scheiben schneiden und in einem tiefen Teller nacheinander in Milch einweichen. Öl in einer Pfanne erhitzen und die Brötchenscheiben von beiden Seiten kross braten. Vorsicht für Anfänger, sie brennen sehr schnell an. Daher unbedingt dabei bleiben und ab und zu wenden. Zucker, Marmelade, Honig oder Ahornsirup dazu und fertig.

Armer Ritter Spezial Friedeborg Seitz

Passiert es auch bei Ihnen, dass jemand eine Tüte Brötchen auf den Schrank legt und sie dann vergisst? Wenn sie gefunden werden, sind sie hart wie Zwieback. Kein Problem. Vielleicht finden Sie noch einen einsamen Apfel und eine Vierteltüte Mandelsplitter? Dann ist fast alles zusammen, was Sie für den Mega-Ritter brauchen.

Zubereitung: Die Brötchen mit einem Sägemesser in dicke Scheiben schneiden. Vorsicht, wenn sie sehr hart sind, rutscht man leicht mit dem Messer ab. Brötchenscheiben in Milch einweichen. Ein verquirltes Ei mit etwas Vanillezucker und Mandelsplittern vermischen und die Brötchenscheiben darin wälzen. In Öl oder Butter von beiden Seiten kross braten. Einen klein geschnittenen Apfel dazugeben und mit braten. Wenn noch mehr Äpfel zu verarbeiten sind, nur zu. Die Äpfel sollten jedoch die armen Ritter nicht zu mehr als etwa einem Viertel übertönen. Sollten noch Rosinen übrig sein, auch lecker. Vielleicht mit ein wenig Zimt würzen? Dazu Zucker, Honig, Ahornsirup oder Marmelade.

Keine Äpfel da? Vielleicht findet sich ein kleines Glas mit Apfel-, Ananas- oder Sauer-kirsch-Kompott? Kreieren Sie Ihren eigenen Ritter Spezial.

Kuchenreste – zu schade für die Tonne

Aus Resten von trockenen Kuchen lassen sich viele leckere Süßspeisen zaubern. Oft schmecken diese Nachbearbeitungen besser als der Kuchen im Original. In früheren Zeiten, in denen noch wöchentlich für den Sonntag gebacken wurde, waren Rumkugeln eine der beliebtesten *Nachlesen*. Sie *haben es in sich* und waren oft Auslöser für das ungute Magenzwicken, wenn *die Augen größer waren als der Magen*. Damit einem das nicht passiert, reduziert man beim Ausformen einfach die damals übliche Tennisballballgröße auf das Volumen eines Pingpongballes oder einer Murmel.

Sie erwarten nur wenige Gäste zum Kaffeetrinken und möchten einen Tortenboden servieren, der üblicherweise mit Obst belegt wird? Denken Sie um. Versuchen Sie das

Schicht-Dessert. Tortenboden zerkrümeln, einen Teil für das Dessert im Glas verwenden und den Rest des Kuchenbodens einfrieren. Die Gäste kommen bestimmt bald wieder. Wenn nicht, könnten Sie mit den Kuchenkrümeln Ihr Müsli veredeln.

Auch aus übrig gebliebenen Pfannkuchen lässt sich einiges kreieren. Wenn sie denn übrig bleiben. Besonders Eltern von pubertierenden Söhnen berichten, dass von den weichen Fladen in der Regel kein einziger Krümel bleibt. Sollte dieser Fall jedoch wider Erwarten eintreten, dann gibt es am nächsten Tag einen süßen oder pikanten Nachschlag. Damit Kochneulinge überhaupt zu Pfannkuchenresten kommen, soll hier kurz das Rezept erklärt werden.

Grundrezept Pfannkuchen

Zutaten: 3 Eier, 150 g Mehl, ¼ l Milch, 1 TL Backpulver, 1 Prise Salz.

Zubereitung: Alles zu einem dünnflüssigen Teig verquirlen und portionsweise in wenig heißem Öl ausbacken. Wenn die Oberfläche nicht mehr flüssig ist, kann der Pfannkuchen problemlos gewendet werden.

Süßer Pfannkuchenauflauf

Zutaten: Pfannkuchen vom Vortag, Marmelade, 2 Eier, 300 ml Milch, Vanillezucker.

Zubereitung: Die Pfannkuchen einzeln mit Marmelade bestreichen, zusammenrollen und in etwa 5 cm lange Stücke schneiden. Die einzelnen Rollen werden aufrecht dicht nebeneinander in eine gefettete Backform gesetzt. Die mit Vanillezucker verquirlte Eiermilch darüber geben. Im Backofen bei 180° Umluft für etwa eine halbe Stunde ausbacken.

Tipp: Für die deftige Variante werden die Pfannkuchen mit Schinkenscheiben eingerollt, mit leicht gesalzener Eiermilch übergossen und wie oben beschrieben mit Käse überbacken

„Der einzige Weg,
eine Versuchung loszuwerden,
ist, ihr nachzugeben"
Schöne Grüße von Oscar Wilde

Schichtdessert

Zutaten: trockener Kuchen, Obstkompott, etwas Obstsaft, Schlagsahne.

Zubereitung: Den Kuchen mit einer Gabel zerdrücken und mit abgetropftem Obstkompott und Schlagsahne schichtweise in Trinkgläser füllen. Eventuell die Kuchenmasse mit einem Schuss Alkohol wie Rum, Amaretto oder Bittermandelöl vermischen.

Gute Kombinationen sind Schokoladenkuchen mit Sauerkirsch-Kompott oder Preiselbeeren und als Krönung Schokoladenstreusel. Helle Rührkuchen passen gut zu Ananas-, Mirabellen oder Birnenkompott mit einer Verzierung aus Krokant.

Rumkugeln

Zutaten: Reste von trockenem Kuchen, Kekse, Milchbrötchen oder Rosinenstuten, geriebene Mandeln oder Haselnüsse, etwas Butter oder Kokosfett, Backkakao, eventuell Puderzucker, Schokostreusel.

Zubereitung: Alle Kuchenreste zerbröseln, geriebene Mandeln oder Haselnüssen dazu geben. Die Mischung mit einem guten Schuss Rum aufpeppen. In einer Pfanne etwas Butter zerlaufen lassen, 1-2 gehäufte Teelöffel Backkakao im heißen Fett kurz aufgehen lassen, um die Bitterstoffe im Kakao zu beseitigen, und mit der Kuchenmasse vermengen. Eventuell mit Puderzucker nach süßen. Die Masse etwa 30 Minuten kalt stellen. Mit nassen Händen kleine Kugeln formen, in Schokostreusel wälzen und etwa fünf Stunden im Kühlschrank ruhen lassen.

Anstelle der Schokostreusel eignen sich auch Liebesperlen, Nusskrokant, gehackte Pistazien oder Kokosraspeln. Anstelle von Kokosfett oder Butter schmecken die Rumkugeln auch mit aufgelöster Schokolade.

Knuspermüsli von Claudia Reimers

Zutaten: Keksreste oder trockener Kuchen, 3 EL Öl, 2 EL Honig, nach Belieben Nussreste, Mandelstifte, Kokosflocken, getrocknete Früchte oder Haferflocken.

Zubereitung: Öl und Honig in einer Pfanne erhitzen, kurz aufschäumen lassen, dann Reste von Keksen und Haferflocken unterheben. Zerkleinerte Nüsse, Mandelstifte, Kokosraspeln, getrocknete Früchte wie Datteln und Feigen in kleine Stücke schneiden und nach Geschmack mit Zimt würzen. Alles gut vermischen, anrösten, auf einem Backblech ausbreiten und abkühlen lassen, dann in eine luftdichte Dose oder ein Glas füllen. Als Müsli(-Zugabe) morgens mit Milch oder Naturjoghurt genießen.

Nussmüsli von Wilhelm Bühler

Häufig bleiben beim Backen Nüsse oder Mandeln übrig. Was tun mit den kleinen Resten? 50 g geriebene Nüsse mit 2 Esslöffeln Ceylon-Zimt mischen und in einer Dose mit fest schließendem Deckel aufheben. Als „Fertigmischung" zu Müsli oder Naturjoghurt geben.

Schokocrossies

Zutaten: Schokoladenreste, Maisflakes, Mandelsplitter.

Zubereitung: Schokolade im Wasserbad unter Rühren auflösen. Maisflakes und Mandelsplitter dazu geben und zu einer breiigen Masse verarbeiten. Ein Backblech mit Backpapier auslegen und die Masse mit zwei in heißem Wasser angewärmten Teelöffeln in kleinen Häufchen darauf setzten. Bei Zimmertemperatur trocknen lassen und in einem verschlossenen Glas oder einer Dose nicht allzu lange im Kühlschrank aufheben.

Da geht immer noch was...

Schrumpelige Äpfel und überreife Bananen

Wir wollen hier nicht den Eindruck erwecken, dass Sie grundsätzlich so lange warten sollen, bis die Äpfel Falten kriegen, die Möhren welken, die Salatblätter erschlaffen und das Kotelette skelettiert. Natürlich fänden wir es auch besser, wenn es frisch vom Feld oder aus dem Stall den Weg auf Ihren Teller findet. Doch das ist kein Grund, überreife Lebensmittel zu entsorgen. Da *geht immer noch was*.

Smoothies von Sieglinde Pelikowski

Alles, was an Obst kurz vor dem nächsten Einkauf noch da ist, in einem Mixer zu einem dickflüssigen Brei mixen. In einer geschlossenen Plastikdose hält sich dieses köstliche Obstpotpourri für etwa vier Tage.

93

Es kann solo getrunken oder gelöffelt werden, als Krönung für Puddings, Obstquarks und Milchreis oder zum Veredeln von Joghurt und Quark verwendet werden.

Smoothie-Cocktail

Ein Trinkglas zu etwa einem Drittel mit der Obstmasse füllen. Mineralwasser mit oder ohne Sprudel dazu. Fertig. Schon haben auch die Wasser-Kostverächter ein köstliches erfrischendes Getränk mit viel Geschmack. Wem das nicht süß genug ist, der tauche das Glas zuerst kopfüber in eine kleine mit Wasser oder Zitronensaft gefüllte Schüssel, danach in eine mit braunem Zucker gefüllte kleine Schüssel. Damit hat das Glas einen dekorativen Zuckerrand, der - rundum getrunken - mehr Süße vortäuscht als dazu gebraucht wird.

Tipp: **Das Braunwerden von Äpfeln** beim Schälen größerer Mengen kann man vermeiden, wenn man das Messer mehrmals an einer Zitronenhälfte vorbei streicht.

Der Klassiker: Bananenmilch

Überreife Bananen eignen sich wegen ihrer stärkeren Süße besonders gut. Banane und Milch im Mixer vermischen, evtl. mit Honig oder Zucker nach süßen und mit einem Spritzer Zitronensaft veredeln. Schmeckt auch gut mit Buttermilch oder Joghurt. Statt der Banane schmecken auch Beeren oder Mangos.

Bananenmarmelade von Maria Gronostay

Zutaten: überreife Bananen, Äpfel, Apfelsaft, Zitrone, Gelierzucker.

Zubereitung: Die Bananen klein schneiden und mit klein geschnittenen Äpfeln auf 1 kg (oder wenn nicht so viele zur Hand sind, mit Apfelsaft auf 900 Gramm) auffüllen. Mit dem Saft einer Zitrone und Gelierzucker 3:1 nach Anweisung kochen. Sofort in Marmeladengläser füllen und verschließen. Die Marmelade hält sich für mindestens ein Jahr.

Dansk Aeblekage (Dänischer Apfelkuchen) von John Richter-Kansted

Bei Backwerk und Süßspeisen, da *haben es die Dänen drauf.* Eine dieser Kreationen wollen wir hier vorstellen. Es ist eigentlich eine geschichtete Süßspeise, aber wer wird bei dieser Köstlichkeit mit Begriffen hadern wollen?

Zutaten: 6 säuerliche Äpfel, Zimt, Vanillezucker, Zucker, 1 Tüte Makronen oder Amarettini, Puderzucker, ½ l Schlagsahne, Mandelstifte.

Zubereitung: Die Äpfel werden geschält, zerteilt und in einem Topf unter Rühren kurz gekocht bis sie zerfallen. Mit Zimt, Vanillezucker und Zucker abschmecken und abkühlen lassen. Die Sahne mit etwas Puderzucker steif schlagen. Die Makronen in einem Mixer zerkleinern oder in einem großen stabilen Gefrierbeutel mit einer Nudelrolle zerbröseln. In eine große Glasschüssel werden zuerst Makronenmasse und Apfelkompott schichtweise eingefüllt. Die Schlagsahne kommt als Berg obenauf. Mit Mandelstiften verzieren.

Kartoffeln gehören auf den Teller

Kartoffeln sind die Grundpfeiler der deutschen Küche. Dafür nehmen wir es auch gelassen hin, wenn sich unsere europäischen Nachbarn darüber lustig machen. Besonders für ältere Menschen ist ein Mittagessen kein Mittagessen, wenn die Kartoffeln dabei fehlen.

Gekochte Kartoffeln müssen frisch gekocht genossen werden. In vorgefertigten Speisen konnten sie sich bislang nicht durchsetzen. Das liegt wohl daran, dass wieder aufgewärmte Kartoffeln sogar für abgestumpfte Geschmäcker keine attraktive Option darstellen. Der leicht muffige Kartoffelgeschmack ändert sich allerdings schlagartig, wenn Sie die Reste von gekochten Kartoffeln zu Salat oder Bratkartoffeln *adeln*.

Himmel und Erde von Ursula Bierbaum

Hierbei handelt es sich um ein Gericht, das nicht nur vom Namen her extrem polarisiert. Die einen kommen ins Schwärmen und die anderen nehmen Reißaus. Entweder man mag es oder man mag es nicht. Dazwischen ist kein Platz für Unentschlossenheit. Entscheiden Sie, zu welcher Seite Sie gehören.

Zutaten: mehlige Kartoffeln, Äpfel, Zwiebeln, geräucherte Speckwürfel, Muskat, Salz, Pfeffer, Zucker, Crème fraîche oder süße Sahne.

Zubereitung: Zwei Drittel mehlige Kartoffeln, etwa ein Drittel Äpfel, jeweils einzeln kochen, leicht zerstampfen und miteinander vermischen. Mit Muskat, Salz, Pfeffer, Zucker und Crème fraîche oder süßer Sahne abschmecken. Auf einen Teller füllen und mit inzwischen geschmorten Zwiebeln (keinesfalls sparsam) und angebratenen Speckwürfeln *krönen.*

Es ist lecker, fix zubereitet und kostet weniger als ein Kinobesuch.

Bratkartoffeln

Bratkartoffeln braten sich am besten in einer schweren gusseisernen Pfanne. Wer keine hat, der sollte sich von dieser Köstlichkeit jedoch nicht abhalten lassen. Am allerbesten schmecken sie, wenn man zum Braten Butterschmalz nimmt, weil es stärker erhitzt werden kann als Pflanzenöl. Wichtig ist, nur wenig Fett zu nehmen, damit sie schön knusperkross werden.

Zutaten: Gekochte Kartoffeln, Butterschmalz, gehackte Zwiebeln, magerer Räucherspeck, Salz, Pfeffer.

Zubereitung: Das Fett in einer Pfanne erhitzen und die in Scheiben geschnittenen Kartoffeln dazu geben. Wenn sie am Boden leicht angebräunt sind, öfter wenden. In einer zweiten Pfanne die gehackten Zwiebeln und den Speck anbraten und zu den Kartoffeln geben. Mit Salz und Pfeffer abschmecken. Hitze herunterschalten und etwa 10 Minuten weiter braten, bis sich die Geschmackskomponenten der einzelnen Zutaten miteinander *vermählt* haben.

Zum Schluss und mit gehackter Petersilie garnieren.

Kartoffelsuppe

Zutaten: Kartoffeln, Gemüsebrühe, Majoran, Frischkäsereste, Petersilie.

Zubereitung: Kleingeschnittene rohe Kartoffeln in Gemüsebrühe kochen. Die Brühe sollte dabei die Kartoffeln gerade bedecken. Wenn die Kartoffeln gar sind, mit dem Stabmixer in der Brühe zu Creme pürieren. Mit Majoran und einer guten Portion Frischkäse verfeinern und mit Petersilie garnieren.

Kartoffelbratlinge von Birgit Becker

Zutaten: Kartoffelbrei, Öl zum Anbraten, bei Belieben geräucherter Speck, Zwiebeln.

Zubereitung: Öl in einer Pfanne erhitzen, den Kartoffelbrei esslöffelweise in das heiße Fett geben und mit einem Bratenwender zu platten Plätzchen drücken. Wenn sie unten goldbraun sind, wenden und die andere Seite rösten. Wer möchte, kann sie mit magerem, geräuchertem Speck und Zwiebeln (vorher anbraten) oder kleingeschnittenen Gemüseresten vermischen.

Salat dazu und fertig ist das Mittagessen.

Kartoffelsalat

Wohl jede Familie hat ihr eigenes Geheimrezept. Kartoffelsalat können Sie auf viele verschiedene Arten zubereiten: Mit frischen oder sauren Gurken, Mayonnaise, Joghurtsoßen oder Öl mit Essig oder dem Sud von sauren Gurken, kleingeschnittenen Zwiebeln und Äpfeln. Sehr lecker ist das Geheimrezept der Autorin, das hier verraten werden soll:

Zutaten: Kartoffeln, saure Gurken, Räucherspeck, Zwiebeln, Gemüsepaste (S.64), Öl, frische Petersilie.

Zubereitung: Kartoffeln und Äpfel klein schneiden und mit gewürfelten sauren Gurken und gehackter Petersilie vermischen. Etwas Räucherspeck mit Zwiebeln anbraten, Gurkensud, Öl und Gemüsepaste dazugeben, kurz aufkochen lassen und zu der Kartoffelmischung geben. Bei Bedarf nachsalzen. Warm oder kalt genießen

Risiken und Nebenwirkungen:
Die Fähigkeit, gute Bratkartoffeln
braten zu können, kann zu einem
Bratkartoffelverhältnis* führen.
(*siehe Seite 102)

Tipp: Pellkartoffeln lassen sich leichter pellen, wenn man die Kartoffeln vor dem Kochen rundherum mit einem Messer einritzt und nach dem Kochen mit kaltem Wasser abschreckt.

*Bratkartoffelverhältnis
nannte man in den Nachkriegsjahren eine eheähnliche Gemeinschaft. In der Regel wurde das Verhältnis von einem Mann aufgrund äußerer Annehmlichkeiten ohne Bindungswillen unterhalten.

Gemüse für die Arche vegetare

Wer nicht täglich frisch einkaufen kann, kennt das Problem: Welkende Salatblätter, die nicht mehr zu knackigen Salaten verarbeitet werden können. Paprika, Tomaten und Gurken in verschiedenen Stadien der Schrumpeligkeit.

Frisch würde man sie nicht mehr essen, aber sie taugen noch für viele schmackhafte Schlemmertöpfe, die leicht überlagerte Gemüse vor dem Untergang bewahren. So ein Rettungsboot für Grünzeug gehört zur Resteküche wie der Wein zur Schaumcreme oder das Tira zum Misu.

Gemüsesäfte

Gemüsesäfte sind die schnellste Art, den Gemüse-Resteberg in der Küche abzubauen. Glücklich, wer einen Entsafter hat. Wer keinen hat und hier auf den Geschmack kommt, achte beim Gerätekauf auf Qualität. Eine Metallreibe lässt sich sehr viel besser und schneller reinigen als die günstigeren Plastikeinsätze, aus denen man die Gemüse- und Obstreste nur mühsam entfernen kann.

Zutaten: Möhren, Äpfel, Ingwer nach Belieben.

Zubereitung: Möhren mit Äpfeln zu etwa gleichen Teilen und eventuell ein Stückchen Ingwer entsaften. Wer mag, kann anschließend ein wenig Kürbiskernöl ins Glas geben. Sofort trinken, denn es verliert beim längeren Stehen Geschmack und Farbe.

Alternativ können ebenso Stangensellerie, Spinat, Tomaten oder Rote Bete als Zusatz für eine heiße Tasse Gemüsebrühe verarbeitet werden.

Gemüsebratlinge von Barbara Walz

Alles, was noch an Gemüse, Kräutern und Käseresten da ist, kann zu Bratlingen veredelt werden:

Zutaten: Zucchini, Brokkoli, Blumenkohl, Zwiebeln, Lauch, Möhren, Knoblauchzehen, diverse Kräuter, Salz, Pfeffer, eine Scheibe altbackenes Toastbrot, 1 Ei, Käsereste, Paniermehl, Öl zum Braten.

Zubereitung: Zucchini reiben, salzen und die Masse zwischen zwei ineinander gestapelten Suppentellern auspressen. Das Toastbrot wässern und ebenfalls auspressen. Alle anderen Gemüse klein reiben oder schneiden. Alles mit den Gewürzen, den geriebenen Käseresten und dem Ei vermengen. Kleine flache Frikadellen aus der Masse formen in einer Pfanne von beiden Seiten scharf braten. Dabei die Bratlinge mit dem Pfannenwender flach drücken, damit sie schneller durch garen.

Slata Mischwija von Anneke Reiß-Maaoui:

Dieses Gericht ist ein in Tunesien beliebter, gegrillter Salat. Das verwendete Gemüse darf ruhig schon etwas schrumpelig sein. Nach Aussage der Rezeptspenderin kommen dabei sogar hart gesottene tunesische Fleischesser-Männer ins Schwärmen.

Zutaten: Tomaten, Paprika, Knoblauch, Zwiebeln.

Zubereitung: Tomaten, Paprika (am besten Spitzpaprika), eine Zwiebel und zwei Knoblauchzehen, ungeschält und unzerteilt (nur die Zwiebel halbieren) auf einem Backblech arrangieren und so lange grillen oder backen, bis das Gemüse weich und braun gebrannt ist. Eventuell sollte es zwischenzeitlich einmal gewendet werden. Anschließend kommt alles in den Fleischwolf bzw. die Küchenmaschine mit Messeraufsatz. Dazu vorher die Schalen und Strünke entfernen. Der Slata muss nur kurz zerkleinert werden, er sollte nicht zu flüssig werden. Zum Schluss mit Olivenöl, Salz und Pfeffer abschmecken. Wer hat, kann gerne noch typische Gewürze dazutun, wie z.B. Kreuzkümmel, Paprika oder Kurkuma.

Der Slata hält sich im Kühlschrank ein paar Tage, schmeckt aber am besten frisch und noch lauwarm auf Weißbrot.

Schmorgurken

Zum Schmoren gibt es zwar spezielle Gurken, aber es geht auch mit Schlangengurken. Wichtig ist jedoch, sie nach dem Schälen längs zu vierteln und das Gurkeninnere großzügig zu entfernen, weil es die Gurkenpfanne ansonsten zu sehr verwässern würde.

Zutaten: Gurken, Zwiebeln, Öl zum Anbraten, Salz, Pfeffer, bei Belieben Curry oder italienische Kräuter.

Zubereitung: Die Gurkenviertel in kleine Stücke schneiden und gemeinsam mit den Zwiebeln in einer Pfanne mit heißem Öl stark anbraten. Salz, Pfeffer, Curry, italienische Gewürze dazu und bei verminderter Hitze für etwa 15 Minuten schmoren lassen.

Dies ist eine leckere Beilage zu Steak oder Bratwurst. Schmorgurkenreste können sehr gut mit Frischkäse aufgewärmt werden. Frische Petersilie oder Dill und Salzkartoffeln dazu servieren.

Gemüsesuppen à la Lukull

Aus sämtlichen Gemüsen lassen sich köstliche Suppen zaubern. Auf einen halben Liter Gemüsebrühe werden etwa 1-2 kg Gemüse, je nachdem, ob man Suppen eher flüssig oder lieber angedickt mag. Diese können entweder als Gemüseeintopf mit sichtbaren Stückchen gekocht werden, oder für die, die es gerne sämiger haben, nach dem Garen teilweise oder ganz mit dem Stabmixer püriert werden.

Tipp: Suppen legieren

Sahne, Joghurt oder Eigelb aus dem Kühlschrank gerinnen gern, wenn sie in die heiße Suppe kommen. Geben Sie die entsprechende Menge in eine Tasse und die heiße Suppe esslöffelweise unter Rühren dazu. Anschließend lässt es sich problemlos in der Suppe oder der Soße verrühren.

Zucchini-Süppchen von Heidi Brenner

Zutaten: 1 grob gewürfelte Zwiebel, 1 gepresste Knoblauchzehe, 2 EL Olivenöl, 1 kg Zucchini, 250 ml Gemüsebrühe, 1 Prise Zimt, etwas Salz, Pfeffer, 2 EL süße Sahne und viel gehackte Petersilie.

Zubereitung: Die Zwiebel mit der Knoblauchzehe im Olivenöl glasig braten. Zucchini in Scheiben schneiden und kurz mit braten. Mit der Gemüsebrühe auffüllen und ca. 20 Minuten weich köcheln lassen. Mit Zimt, Salz und Pfeffer abschmecken und die Sahne zum Verfeinern unterrühren. Ganz zum Schluss die Suppe mit der fein gehackten Petersilie krönen.

Statt der Zucchini können Sie ebenso Spinat oder sogar Blattsalate verwenden. Dazu passen gut diverse Frischkäsereste, die Sie zum Schluss in der Suppe schmelzen lassen. Wer eine ganz schnelle Suppe braucht, nimmt Tiefkühl-Spinat.

Suppen-Variationen

Wie wäre es mit einer pseudo- deftigen Erbsensuppe? In der Gemüsebrühe frische oder Dosenerbsen köcheln, mit dem Stabmixer pürieren und mit Rauchsalz abschmecken.

Probieren Sie auch einmal eine Möhrensuppe (frisch oder Konserve) mit frischen Minze-Blättern aus. Dazu wird ein Zweig frische Minze mit einem Holzmörser oder dem Handgriff der Nudelrolle zerquetscht und kurz vor dem Servieren dazugegeben. Statt Minze könnte man auch geriebenen frischen Ingwer...na, nun ist aber gut!

Die Cremesuppen schmecken besonders gut mit frisch gebratenen Croûtons (S.71) Sie erinnern sich? Sie haben die Brotreste vom letzten Familienfest in kleinen Würfeln in der Kühltruhe eingefroren.

Brotaufstriche aus Gemüseresten

Brotaufstriche sind eine schmackhafte Alternative zu Wurst, Käse & Co. Gekochte Gemüsereste können Sie zu Mus vermixen oder mit der Gabel zerdrücken. Nach Belieben mit Tabasco und frischen, gehackten Kräutern nachwürzen, mit Parmesan oder Frischkäse vermischen und anschließend als Brotbelag oder Dipp verwenden. Auch Salatreste machen sich am nächsten Tag noch gut als Unterlage von belegten Broten.

Vom Sauerkrauttopf ist noch etwas übrig? Prima, geben Sie etwas Öl und gehackte Zwiebeln dazu. Besonders gut schmeckt es auf einer Scheibe dunklem Brot. Genießer belegen es zusätzlich mit Rohmilchkäsescheiben oder Salami.

Alles Wurscht?

Ungeräucherte Wurst hält sich nicht allzu lange, besonders nicht, wenn Sie sie luftdicht in Plastikbehältern eingekerkert haben. Wurstscheiben halten sich besser in Pergamentpapier verpackt, werden dabei jedoch bald trocken. Als Brotbelag schmecken sie dann nicht mehr so gut. Das lässt sich ändern, wenn man die Wurstreste in Topf und Pfanne *verwurstelt*.

Es ist gleichgültig,
an welchem Ende
die Wurst angeschnitten wird.
(alte Fleischerweisheit)

Wursttopf

Zutaten: Streichwurstreste, Zwiebeln, Gewürze.

Zubereitung: Leber- oder Kochwurstkonserven mit gewürfelten Zwiebeln in einem Topf braten. Dabei zunächst die Wurst anbraten, etwas zur Seite schieben, die gehackten Zwiebeln glasig braten und mit der Wurstmasse vermengen. Diese bei Belieben mit Majoran oder Oregano abschmecken und kurz schmoren lassen.

Dazu passen Pellkartoffeln und – das ist obligatorisch – saure Gurken. Rote Bete-Salat macht sich auch gut dazu.

Die Beamtenstippe kam in den Nachkriegsjahren oft auf den Tisch und war nicht nur bei niederen Staatsbeamten beliebt.

Beamtenstippe

Zutaten: 600 g Hackfleisch oder andere klein gewürfelte Fleisch- und Wurstreste, 2 EL Öl, 250 g Zwiebeln, 20 g Räucherspeck, 1 EL Kümmel, Salz und Pfeffer, 1 Lorbeerblatt, 2 EL Tomatenmark, 600 ml Gemüsebrühe, Petersilie.

Zubereitung: Hackfleisch im Öl in einem Bräter bei starker Hitze etwa fünf Minuten anbraten. Klein gewürfelten Speck und gehackte Zwiebeln dazu, weitere fünf Minuten glasig braten. Salz, Pfeffer, Kümmel und Tomatenmark hinzu geben und kurz mit braten. Mit der Gemüsebrühe ablöschen und etwa eine Stunde leise köcheln lassen. Etwa nach der Hälfte der Garzeit das Lorbeerblatt dazugeben. Zum Schluss mit Petersilie garnieren.

Traditionellerweise werden dazu Bratkartoffeln gegessen. Es schmeckt aber auch mit Salzkartoffeln. Was als Beilage nicht fehlen darf, sind saure Gurken.

Bigos von Silke Jänsch

Dieses polnische Nationalgericht ist eine leckere Resteverwertung für Fleisch und Kochwürste. Die einzelnen Zutaten können nach Belieben variiert werden. Bigos wird gern auf Vorrat gekocht und schmeckt immer besser, je öfter es aufgewärmt wird. Traditionell isst man es mit rustikalem Bauernbrot, es schmeckt aber auch gut mit Kartoffeln oder Kartoffelbrei.

Zutaten: 750 g Sauerkraut, 750 g Weißkohl, 40 g (getrocknete) Pilze, 4 Trockenpflaumen, 2 Zwiebeln, etwa 1 kg Fleisch- und Wurstreste (Schweineschulter, Putenbrust, Krakauer oder Schlesische Wurst), 30 g Schmalz, 1/2 l Wasser, 1 Glas Rotwein, 4 Wacholderkörner, 1 Lorbeerblatt, 3 Pimentkör-

Zubereitung: Trockenpilze und Trockenpflaumen zunächst in verschiedenen Schüsseln einweichen. Weißkohl klein hacken, Sauerkraut in ein Sieb geben und abtropfen lassen. Fleisch und Wurst in kleine Stücke schneiden (ca. 1x1 cm). Zwiebeln halbieren, in halbe Ringe schneiden und mit dem Schmalz in einem großen Topf anbraten. Wenn die Zwiebeln goldbraun sind, Fleisch hinzugeben und das Ganze braten, bis das

Fleisch Tönung hat. Weißkohl, Sauerkraut, zerkleinerte Pilze, zerkleinerte Pflaumen, Wurst und Gewürze dazugeben. Mit Rotwein und Wasser übergießen und etwa 2,5 Stunden köcheln lassen, bis das Fleisch weich ist. Vor Ende der Kochzeit eventuell mit Salz abschmecken. Während der Kochzeit kann viel Flüssigkeit verdunsten, daher bei Bedarf ein wenig Wasser dazu gießen.

Alternativ können Sie Bigos mit verschiedenen Fleischsorten zubereiten, allerdings sind Rind- und Lammfleisch nicht geeignet. Die Wurst sollte über einen hohen Fettanteil verfügen. Gut eignen sich Frankfurter, Krakauer, Debrecziner und Knoblauchwurst.

Hühnersuppe von Erika Beims

Hühnersuppen sind im Trend, seit die Medizin ihre wohltuende Wirkung bei grippalen Infekten wiederentdeckt hat. An dieser Stelle sei das Rezept der Nachkriegshausfrau und Mutter der Autorin verraten, von der übrigens auch viele andere Rezepte in diesem Buch stammen.

Zutaten: 1 küchenfertiges Suppenhuhn, 1 Bund Suppengrün, 2 Liter Wasser, 2 EL Gemüsepaste (S.64), 1 Zwiebel, 1 Lorbeerblatt, ½ TL schwarzer Pfeffer (ganze Körner), Salz, 2 Gewürznelken, eventuell zusätzliches Gemüse der Saison, 200 g Suppennudeln, Petersilie.

Zubereitung: Das küchenfertige Huhn unter fließendem Wasser abspülen und in den mit kaltem Wasser gefüllten Topf legen. Den Hals und die Innereien (ohne Leber), Salz und Gemüsepaste dazugeben. Die Zwiebel pellen, mit den Nelken spicken und mit dem Lorbeerblatt und den Pfefferkörnern dazu geben und zum Kochen bringen. Danach die Temperatur auf mittlere Hitze schalten. Zwischendurch den Schaum abschöpfen. Nach etwa 30 Minuten die Gewürze entfernen. Das klein geschnittene Gemüse in die Brühe geben und weitere 30 bis 60 Minuten köcheln lassen. Das Huhn ist gar, wenn sich das Fleisch von den Knochen zu lösen beginnt. Das Huhn aus der Suppe nehmen, etwas abkühlen lassen, die Haut entfernen, das Fleisch von den Knochen lösen, in mundgerechte Stücke teilen und wieder in die Hühnerbrühe geben. Mit einem Küchenpapier lässt sich die fettige Schicht von der Oberfläche leicht aufsaugen.

Die Suppennudeln separat in Salzwasser kochen und anschließend zur Hühnersuppe geben. Werden sie in der Suppe gekocht, wird diese leicht trübe. Zum Schluss mit Petersilie verfeinern.

Die Leber wird nicht mit gekocht. Sie wird in Mehl gewälzt, mit Zwiebeln und Apfelstücken gebraten und als kleiner Snack oder Brotbelag verwendet.

Es gibt nichts Schlechtes,
das nicht irgendwie zum Guten führt
polnisches Sprichwort
und Lebensmotto von Erika Beims

Currypfanne

Zutaten: Zwiebeln, Öl zum Anbraten, Wurstreste, Tomatensoße, Curry.

Zubereitung: Gewürfelte Zwiebeln in etwas Öl anbraten, in Scheiben geschnittene Würstchen dazugeben, mit Tomatensoße ablöschen und ordentlich Curry dazu geben. Dazu Weißbrot oder Pellkartoffeln.

Bayerischer Wurstsalat

Zutaten: 300 g Fleischwurst, 250 g Zwiebeln, 250 g Tomaten, 5 EL Essig, 6 EL Olivenöl, 6 EL Wasser, 1 EL (Dijon-)Senf, 2 gepresste Knoblauchzehen, Salz, weißer Pfeffer.

Zubereitung: Die Wurst (ohne Pelle) in feine Streifen, Zwiebeln in dünne Ringe und die Tomaten in Scheiben schneiden. Alles vermengen. Essig, Öl, Wasser und Gewürze zu einer Marinade verrühren und unter den Salat mischen. Kühl stellen und gut durchziehen lassen.

And The Winner Is: Restepfanne

Auch bei der besten Planung wird es vor-
kommen, dass am Tag vor dem nächsten
Einkauf noch nicht alles, was frisch gekauft
wurde, aufgegessen ist. Kreieren Sie den
letzten Tag vor dem anstehenden Wochen-
einkauf zu einem *Tabula rasa*-Tag. Alles, was
an Gemüse oder Fleisch, Wurst, Käse noch da
ist, wird in einer Restepfanne verwertet.

> *„ ...Eben geht mit einem Teller*
> *Witwe Bolte in den Keller,*
> *Daß sie von dem Sauerkohle*
> *Eine Portion sich hole,*
> *Wofür sie besonders schwärmt,*
> *Wenn er wieder aufgewärmt... "*

Wilhelm Busch
Max und Moritz zweiter Streich

Der Allrounder: Gemüsepfanne

Zutaten: 1 Frühlingszwiebel, 1 Möhre, 1 Kohlrabi, 1 Stück Sellerie, 1 ½ Aubergine, 6-8 Champignons, 3 Kartoffeln, 2 EL Öl , 1 Tasse Gemüsebrühe, Kräuter, bei Belieben Schafskäse.

Zubereitung: Die Zwiebel in Öl anbraten, das Gemüse würfeln, dazugeben und mit braten lassen. Mit der Brühe ablöschen. Den Schafskäse dazugeben, verrühren und mit Pfeffer sowie Kräutern würzen.

Ganz lecker wird es, wenn Sie die Zwiebel mit etwas magerem Räucherspeck anbraten. Sie können das Gemüse auch anders kombinieren: Pastinake, Kohlrabi, Weiß- oder Rosenkohl, Paprika oder Gemüsereste aus dem Kühlschrank – was immer sich darin findet. Sehr schmackhaft ist die Pfanne natürlich auch mit Fleischeinlage: grobe Bratwurstmasse zu Kugeln formen und mit braten, oder Puten-, Hähnchen-, Schweinefiletstücke dazu nehmen.

Reis-oder Nudel-Quickie

Besonders für Berufstätige ist die Zubereitung eines warmen Essens nach Feierabend eine echte Herausforderung. Hier ist die schnelle Nudel- oder Reispfanne die ideale Besetzung mit Kultpotenzial. Eigentlich könnte man sie jeden Tag essen, sie ist immer wieder anders, je nachdem, wonach einem gerade der Sinn steht und was zu verbrauchen ist. Am besten lässt sich das Gericht mit dem Wok zaubern. Eine Pfanne tut es natürlich auch. Und dann kann es schon losgehen.

Zutaten: gekochte Nudeln oder Reis, Öl, Zwiebeln oder Lauchzwiebeln, Reste von frischem und/oder gekochtem Gemüse, Curry, Paprika, Pfeffer, Salz, etwas Sahne, bei Belieben ein wenig Pesto, eingelegte Chili und ein paar frische Salatblätter.

Zubereitung: Das Öl im Wok erhitzen, Zwiebeln klein schneiden und mit den Gemüseresten dazugeben. Mit etwas Sahne ablöschen und mit den Gewürzen sowie etwas Pesto abschmecken. Nudeln oder Reis untermischen und kurz aufwärmen lassen. Zum Schluss eingelegte Chili in Ringe schneiden und dazugeben. Alles noch einmal gut umrühren und frischen Salat in Streifen geschnitten hinein geben.

Salamistücke, Wurst oder magerer Räucherspeck, Gehacktes sowie Thunfisch eignen sich ebenfalls sehr gut. Diese kurz mit anbraten. Wenn es ohne Fleisch sein soll, kann das fertig angebratene Bratgut bei Seite geschoben werden und zwei Eier im heißen Fett zu Rührei gebraten werden. Dann erst die Sahne dazugeben und mit der Ei-Masse verrühren. Zum Schluss alles miteinander vermischen.

An Deinem Herd bist Du
genauso ein König
wie jeder Monarch auf seinem Thron
Miguel de Cervantes

Reste von *dies & das* für *dies & das*

Reste von Lebensmitteln müssen nicht nur auf unseren Esstischen landen. Oft lassen sie sich zweckentfremden. Hierzu wird man im Internet unter den Schlagworten *Hausmittel*, *Haushaltshelfer*, *frag Mutti* oder *Oma.de* fündig. Besonders amüsant lesen sich die Ratgeber aus vergangenen Zeiten. So schreibt „Die rechte Hand der Hausfrau" 1969, dass sich schwere Möbel leicht verrücken lassen, wenn man Speckschwarten mit der Fettseite nach unten unter die Möbelfüße legt. Das reizt nicht gerade zur Nachahmung. Andere Ratschläge sind es jedoch wert, unseren heutigen chemischen Keulen Paroli zu bieten:

Aluminiumgeschirre erstrahlen zu neuem Glanz, wenn man Apfelschalen darin kocht.

125

Messing und Kupfer können durch das Abwaschen mit Sauerkrautbrühe gereinigt werden.

Wachstücher bleiben schön, wenn man sie mit kalter Milch abreibt.

Silberne Löffel und Schmuck sind zu reinigen, wenn man sie über mehrere Stunden in verdorbene Milch einlegt.

Tiere können von **Läusen** befreit werden, wenn sie mit dem Kochwasser von Kartoffeln gewaschen werden.

Tinten- und Obstflecke auf Händen können mit einer halben ausgepressten Zitronenschale entfernt werden. Mit der Zeit seien damit sogar unschöne Altersflecke und Sommersprossen aufzuhellen.

Topfblumen sollen besser wachsen, wenn sie mit Kaffeesatz gedüngt werden. In selten benutzten Schubladen vertreibt Kaffeepulver den muffigen Kellergeruch.

Fettflecken von Kettenfett und Schmierölen sind durch das Einreiben mit Eigelb zu entfernen. Das Eigelb löst das Fett und lässt sich anschließend mit lauwarmem Wasser ausspülen.

Kaffeeflecken lassen sich durch Einreiben mit gekochten Kartoffeln und Rotweinflecken durch Einweichen in Kartoffelwasser entfernen.

Reste von **Roggenmehl** können für die Haarwäsche verwendet werden. Dazu werden zwei Esslöffel Mehl mit etwas Wasser zu einer Paste verrührt.

Das mit den Wachstüchern stimmt. Auch diese lästigen schwarzen Spuren, die dunkle Schuhsohlen auf glatten Böden hinterlassen, sind mit Milch gut zu entfernen. Ob Tiere mit Kartoffelwasser von Läusen zu befreien sind, wird der Familienhund der Autorin bei der nächsten Gelegenheit austesten müssen. Ausgepresste Zitronenschalen – das wissen wir schon von unseren Großmüttern – sind ein sehr gutes Mittel für die Händereinigung. Bei uns kommt keine Zitronenschale in den Müll, mit der wir nicht vorher unsere Hände ausgiebig abgerieben haben. Das ist nicht nur eine günstige kosmetische Behandlung, es vertreibt auch eventuellen Zwiebelgeruch oder die schwer zu entfernenden Verfärbungen nach dem Entsteinen von Kirschen.

Doch Lebensmittelreste können noch mehr. Ärgern Sie sich in Zukunft bei der Weihnachtsbäckerei nicht mehr darüber, dass bei vielen Keksrezepten mehr Eiweiße als Eigelbe gebraucht werden. Im Kühlschrank hält sich das Eigelb bis zu zwei Wochen unter einer Schicht aus Öl. Sie können es auch problemlos einfrieren und nach dem Auftauen wie gewohnt weiter verwenden. Eine andere Möglichkeit wäre, den Eigelb-Rest für kosmetische Zwecke zu nutzen. Aus Eigelb lassen sich gute, garantiert natürliche Gesichtsmasken und Haarpackungen machen. Vielleicht in der Zeit, in der die die Makronen im Backofen trocknen?

Tipp: Mit Zitronenschalen lassen sich Ameisen aus Blumentöpfen vertreiben

Pflegende Haarpackung
von Andrea Rohde

Zutaten: 1 Eigelb, 4 EL Honig, 3 Spritzer frisch gepresster Zitronensaft.

Zubereitung und Anwendung: Das Eigelb wird in einer Schüssel verschlagen. Anschließend wird der Honig untergerührt und zum Schluss der Zitronensaft dazu gegeben. Alles gut miteinander vermischen. Mithilfe eines Teelöffels die Kur an den Haaransätzen auftragen. Danach wird der Kopf mit Frischhaltefolie eingepackt und mit einem warmen Frotteehandtuch umwickelt. Nach 30 Minuten wird die *Kopfsauna* entfernt und die Haarkur mit lauwarmem Wasser gründlich ausgespült.

Gesichtsmaske von Andrea Rohde

Eigelb, etwas Olivenöl und 1 bis 2 EL Zucker vermengen. Auf das gereinigte Gesicht sanft reibend auftragen. Mindestens 15 Minuten einwirken lassen und danach mit warmem Wasser abspülen.

Der Gästekorb

Ein Gästekorb ist ein sanftes Ruhekissen für alle, die sich scheuen, unerwartete Gäste hungrig nach Hause schicken zu müssen.

Ein bis zwei Pakete Nudeln, diverse Pestos im Glas, Parmesan in der Tüte, Tomatenmark, Kondensmilch, getrocknete italienische Kräuter, eine kleine Flasche Olivenöl, ein Paket Cantuccine, Espresso-Pulver, eine kleine Tüte Rohrzucker und eine gute Flasche Rotwein. Aus diesen Zutaten kann man aus dem Stegreif allerhand Leckeres kochen.

Sollten während der Aufbewahrungszeit von etwa einem halben Jahr doch keine unerwarteten Gäste kommen, so veranstalten Sie ein Gästekorb-Resteessen für sich selbst oder laden zu diesem Anlass einfach ein paar Freunde zu einem italienischen Abend ein.

Einen solchen Gästekorb können Sie ganz nach eigenem Geschmack zusammenstellen. Liebhaber der deutschen Küche lagern darin Rindfleisch oder Cornedbeef zur Vorsicht auch eine Packung Kartoffelbrei, Nudeln oder Reis und kleine Gläser mit sauren Gurken, roter Bete oder Tomatenpaprika. Für die mexikanische Küche braucht es zusätzlich eine kleine Dose Mais sowie Kidneybohnen und vielleicht ein Päckchen Tapas. Für Ihren eigenen Gästekorb kaufen Sie ... das wissen Sie selbst am besten.

Sie haben nur Kaffeegäste und die kommen in der Regel unangemeldet? Dann gehören in Ihren Gästekorb Tüten mit haltbaren Keksen, verpackte Fertigkuchen, Kondensmilch, eine kleine Tüte Kaffee oder Tee und ein Päckchen Rohrzucker.

Mit so einem Korb in der Hinterhand wird es Ihnen nie so ergehen wie der Autorin. Sie hatte - damals als Frau eines Pfarrers - an einem Freitagvormittag kurz vor dem Wochenendeinkauf nichts, aber auch gar nichts mehr auf Lager und wurde für dieses Manko mit einer schönen Anekdote beschenkt:

Ein unerwarteter Gast

An einem Freitagvormittag kurz nach unserem Einzug in das Pfarrhaus sind Küche und Keller leer. Es klingelt. Ein Landstreicher spaziert wortlos herein. Setzt sich mitten hinein in die Pfarrküche, in der das pralle Leben in Gestalt von zwei kleinen Kindern und zwei Hunden tobt. Er sagt nichts.

Ich begebe mich hektisch auf die Suche nach etwas Essbarem. Der Kühlschrank ist leer, im Vorratsschrank findet sich noch nicht einmal eine Dose Erbsensuppe. Der Kaffee ist auch alle. Ich finde nur noch eine halbe Banane, halte das klägliche Stück hoch und schaue den Gast bedauernd an. Er blickt auf die milde Gabe und sagt immer noch nichts. Schließlich steht er auf und verlässt grußlos das Haus.

Nach kurzer Zeit kommt der Mann zurück. Er hat ein längliches Paket dabei und setzt sich wieder an den Tisch. Er wickelt wortlos eine große Wurst aus dem Papier. Die Kinder kommen neugierig heran, die Hunde betteln. „Gute Frau! Diese Wurst hat mir gerade der Fleischer geschenkt. Die ist zu groß für mich." Der Gast schaut sich bedeutungsvoll um. Die Kinder rücken näher, die Hunde auch. „Ich sehe, Sie können die gebrauchen!" Ich reiche ihm ein Messer und er schneidet die Wurst in handliche Stücke. Es wird ein Festmahl für alle, für ihn, mich, die Kinder und die Hunde. Im Nu ist die komplette Wurst verputzt.

Ich werde nie vergessen, wie der Fremde als Gastgeber strahlend die Wurstscheiben verteilt hat.

Aus: "Ostern mitten im Dezember -
Pfarrhausgeschichten"

Empfehlungen und Links zum Thema

In den letzten Jahren sind viele gemein-
nützige und auch kommerzielle Initiativen
entstanden, die sich mit dem Problem der
Lebensmittelverschwendung   auseinander
setzen. Einige davon sollen hier genannt
werden.

www.tastethewaste.de

Diese Plattform wurde zum gleichnamigen
Film von Valentin Thurn geschaffen, um die
globale Lebensmittelverschwendung aufzu-
zeigen. Die Initiatoren wollen zeigen, wie
viel weggeworfen wird und was man dagegen tun kann. Jeder ist aufgerufen, Videos,
Bilder und Texte zu Themen wie Nahrungs-
abfälle, Hunger und Konsumverhalten hoch-
zuladen und zu veröffentlichen. Diskutiert
werden kann ebenso auf Facebook.
www.facebook.com/tastethewaste.de

foodsharing.de

Die ursprüngliche Idee für die Plattform zur „Rettung von Lebensmitteln" entstand 2011 während der Vorbereitungen zum Kinofilm „Taste the Waste". Foodsharing bietet Privatpersonen, Händlern und Produzenten in Deutschland und Österreich die Möglichkeit, überschüssige Lebensmittel kostenlos zu teilen. Hier werden auch Lebensmittel nach Ablauf der Mindesthaltbarkeit weiterverwendet, solange ein Konsum noch ohne Bedenken möglich ist.

www.zugutfuerdietonne.de

Die Internet-Plattform des Bundesministeriums für Ernährung, Landwirtschaft und Verbraucherschutz bietet Hintergrundformationen und nützliche Tipps für Einkauf, Lagerung und Verwertung. Damit soll die Wertschätzung von Lebensmitteln von der Landwirtschaft über Industrie und Handel bis hin zum Verbraucher gestärkt werden. In einem interaktiven Test lässt sich herausfinden, wie Lebensmittelabfälle am besten zu reduzieren sind. Eine Rezeptdatenbank bietet kreative Kochideen für „beste Reste".

www.restlos-geniessen.de

Mit der Aktion „Restlos genießen" wirbt das Bundesministerium für Landwirtschaft gemeinsam mit *Greentable*, dem Infoportal für nachhaltige Gastronomieangebote, für eine neue Restaurantkultur. Sie will die Gastronomie animieren, ihren Gästen das Einpacken von Resten für den „zweiten Hunger zu Hause" anzubieten.

www.teller-statt-tonne.de

Das Projekt von Slow Food Deutschland ist ein Schulprojekt gegen Lebensmittelverschwendung, das Theorie und Praxis verbindet. Durch die Erfahrung des gemeinsamen Erntens und Essens sollen Schüler begreifen, dass das Wegwerf-Verhalten der Überflussgesellschaften einen direkten Einfluss auf den Hunger in der dritten Welt hat.

mundraub.org

Mundraub ist eine Plattform für Menschen, die heimisches Obst aus öffentlichem Gelände nutzen wollen und deren Fundorte miteinander teilen. Wer auf der Internetseite seinen Standort eingibt, erfährt, welche Obst- und Nussbäume oder Beeren in näherem Umkreis zu beernten sind.

www.reste-essen.de

Auf dieser Plattform finden sich maßge-
schneiderte Rezepte für Lebensmittelreste.
Das Prinzip ist kinderleicht: Die Nahrungsmittel, die noch im Kühlschrank vorrätig
sind, in das Suchfeld eingeben und schon
werden dazu passende Rezepte angezeigt. Im
dazugehörigen Blog finden sich wertvolle In-
formationen zu Lebensmitteln und Konsumverhalten.

restegourmet.de

Die zur Verfügung stehenden Zutaten
werden in das Suchfeld eingegeben, worauf
dazu passende Rezepte angezeigt werden.
Mit dieser Rezeptsuche der „drei hungrigen
Menschen" aus Darmstadt und Berlin lassen
sich aus Resten leckere Gerichte brutzeln.

www.culinarymisfits.de

Culinary misfits ist ein Berliner Cate-
ring-Service der besonderen Art. Er hat ein
Herz für krumme Gurken und abenteuerlich
gestaltete Möhren. Seine Speisekarten werden vom Rhythmus der Saison und durch
das Wetter bestimmt. Hat es stark gehagelt,
werden beispielsweise zersplitterte Zucchini
oder aufgeplatzte Radieschen bei Bauern

rund um Berlin eingekauft und verarbeitet. Für den Handel wären diese Gemüse unverkäuflich, als *misfits* sind sie gerade richtig.

www.frag-mutti.de

Hinter den *Muttis* stecken zwei Schwaben. Zu Studentenzeiten mussten sie oft bei ihren Müttern telefonischen Rat für die Bewältigung ihrer Junggesellen-Haushalte einholen. Inzwischen bietet die Seite tausende Tipps für Anfänger aber auch für Haushaltsprofis, die lecker mit Resten kochen und für jedes Problem im Haushalt eine praktikable Lösung finden wollen.

www.fet-ev.eu

Obst und Gemüse sind sind zu ihrer Erntezeit reich an Nährstoffen und in der Regel auch preiswerter. Die Fachgesellschaft für Ernährungstherapie (FET) e.V. bietet in ihrem Medienshop einen Saisonkalender für Obst und Gemüse im Taschenformat an.

Um richtig kochen zu können, braucht es elementare Grundkenntnisse, die nur in der Küche gelernt werden können. Grundkochkurse in Volkshochschulen wären eine gute

Möglichkeit, bedeuten jedoch, sich zeitlich und räumlich für einige Wochen festzulegen. Für diejenigen, die sich das aus beruflichen Gründen nicht leisten können, wäre vielleicht ein Online-Kochkurs die Lösung:

justcookit.de
Mit dieser Online-Kochschule kann man von zu Hause aus in der eigenen Küche kochen lernen. In Schritt für Schritt Anleitungen präsentiert die Braunschweiger Kochschule in neun Video-Modulen Küchenbasics, Warenkunde und jede Menge Grundrezepte. Jede Lektion gibt es als PDF zum Download und am Ende des Kurses ein Zertifikat.

Koch-Anfängern sei neben anderen lesenswerten Informationsschriften der **Verbraucher-Initiative** besonders das Themenheft „Basiswissen Kochen" empfohlen. Es enthält Tipps zum Kauf von Kochgeschirren, zu Vorratshaltung und Zubereitungsmethoden:

verbraucher.org
Die Verbraucher Initiative e.V. ist der Bundesverband kritischer Verbraucherin-

nen und Verbraucher mit dem Schwerpunkt ökologische, gesundheitliche und soziale Verbraucherarbeit. Die Initiative betreibt verschiedene Webseiten zu unterschiedlichen Themen.

Tipp: Kein Paniermehl zur Hand?

Macht nix. Vermahlen Sie zwei oder mehr Scheiben Knäckebrot in der Küchenmaschine.

Wer keine Küchenmaschine hat, legt die Knäckebrote in eine Plastiktüte und rollt mit einem Nudelholz so lange darauf herum, bis die Brote fein zermahlen sind.

Tipp: Überschüssige Feuchtigkeit

aus gewässerten Brotscheiben und wasserreichem zerkleinerten Gemüsen lässt sich leicht entfernen. Die Masse zwischen zwei aufeinander gestapelte Suppenteller legen und die Teller über dem Waschbecken fest aneinander drücken. Fertig.

141

Ein letztes Wort zum Schluss

Die Wertschätzung von Lebensmitteln, die viele von uns verloren haben, verdient es, ins allgemeine Bewusstsein zurückgeholt zu werden. Es kann nicht sein, dass so viel von dem, was unter massiver Belastung von Luft, Boden und Wasser produziert wird, ungenutzt auf den Müllhalden landet. Es kann nicht sein, dass wir die Verantwortung für unser Essen allein an Produktion, Industrie und Handel abtreten. Dabei wollen wir nicht *zurück auf die Bäume*. Die Annehmlichkeiten, die unser hochtechnisiertes Zeitalter mit sich bringt, erlauben uns, das, was wir an Lebensmitteln einkaufen, zeitsparend und sicher zu Mahlzeiten zu verarbeiten. Aber wir wollen wieder mitbestimmen über das, was auf unseren Tellern landet und vor allem auch über das, was als Überschuss entsorgt wird.

Viele Ältere werden in diesem Buch nicht viel Neues gefunden haben. Es ging vor allem darum, besonders die Nachfolgegenerationen auf den immensen Erfahrungsschatz der Nachkriegsgeneration hinzuweisen, der nicht in Vergessenheit geraten darf.

Lange Zeit sah es so aus, als wären die Koch-Kompetenzen unserer Vorfahren ein *alter Hut* für die heutigen Generationen. Warum soll man etwas lernen, was uns fertig und zeitsparend von der Lebensmittelindustrie auf den Tisch gelegt wird? Selber Kochen stand in dem Ruf, hoffnungslos altmodisch zu sein und nicht in unsere moderne Zeit zu passen. Inzwischen wächst die Ahnung, dass wir mit dem Verlust dieser Kompetenzen auch einen wesentlichen Teil unserer Kultur verloren haben. Das bestätigt die wachsende Zahl von Food-Blogs, Rezept-Dienstleistern und TV-Kochshows.

Wir wollen wieder eigenverantwortlich, nachhaltig, lecker und besser essen. Mit unseren technischen Möglichkeiten und der Wertschätzung unserer Nahrungsmittel sollte uns das gelingen.

Das wird schon...
Wahlspruch und Lebensmotto der Autorin

Vielen Dank
für Tipps und Rezepte:

Andrea Rohde aus Ermatingen/Schweiz
Barbara Walz aus Braunschweig
Birgit Becker aus Braunschweig
Christine Gleich aus Veitshöchheim
Christine Hermann aus Lüneburg
Claudia Reimers aus Lübeck
Friedeborg Seitz aus Mannheim
Harry Hofmann aus Wolfenbüttel
Heidi Brenner aus Olching
Ingeborg Mahlich aus Husum
John Richter-Kansted aus Braunschweig
Maria Gronostay aus Berlin
Sieglinde Pelikowski aus Braunschweig
Silke Jänsch aus Braunschweig
Susanne Hagedorn aus Reken www.sh.e.de
Taina Guedes aus Berlin
www.entretempo-kitchen-gallery.com/
Tanja Krakowski aus Berlin
Ulrike Mahlich-Henneke aus Wobbenbüll
Ursula Bierbaum aus Köln
Uwe Zurbriggen aus Dresden
Wilhelm Bühler aus Karlsruhe
www.buehler.org

Besonderen Dank

an die Fachgesellschaft
für Ernährungstherapie und Prävention
(FET) e.V.
für die Überlassung der Rechte an der
Neuauflage

...und an die *Geburtshelfer*
dieses Buches
für Lektorat, Illustration
und Bildbearbeitung

Alexander Hoffmann
aus Wissembourg/France
Anneke Reiß-Maaoui aus Bremen
Christine Langer aus Aachen
Monika Stiefel aus Braunschweig
Marten Reiß aus Braunschweig

Über die Autorin

Marianne Reiß
Jahrgang 1949

ist Diplom-Trophologin, Ernährungsthera-
peutin und Autorin. Sie ist beisitzendes Mit-
glied im Vorstand der Fachgesellschaft für
Ernährungstherapie und Prävention (FET)
e.V.

Auf ihren Webseiten bloggt sie zu den Dogmen einer gesunden Ernährung sowie über
ihre Bücher und Geschichten mitten aus
dem Leben.

http://tellerblick.net
marianne-reiss.info

Weitere Veröffentlichungen der Autorin

Ostern mitten im Dezember

Pfarrhaus-geschichten

Books on Demand
2016

92 Seiten / 9,20 €

Die Kurzgeschichten vermitteln überraschende Einblicke in den Kosmos eines evangelischen Pfarrhauses. Die Autorin erzählt von einer Dekade ihres Lebens, in der sie als Ehefrau eines Pfarrers den Alltag und die Gepflogenheiten christlicher Gemeinden kennen lernen durfte. Von Haus aus ohne kirchlichen Hintergrund und immer bereit, allen Dogmen die Stirn zu bieten, geht die junge Pfarrfrau fröhlich, pragmatisch und unbekümmert ans Werk. Lassen Sie sich überraschen von humorvollen, spritzigen und auch berührenden Geschichten aus dem Innenleben eines Pfarrhauses.

Reiß-Wolf
sucht Familie

Geschichten
vom Philip

Books on Demand
2017

68 Seiten, 7,80 €

Der Reiß-Wolf ist der Hund der Familie Reiß. Eigentlich heißt er Philip und hat die Aufgabe, die Herzen und Füße seiner Menschen zu wärmen.

Er kam als Welpe in die Familie. Gefunden an der Autobahn. Und eigentlich sollte er nicht bleiben. Aber es kam anders...

Alphabetisches Rezeptregister

Brot-Retter bergen altes Brot
für „Arme Ritter"